Julia Strauß

Der Wochenendverführer

52 Ideen für die

schönsten Tage der Woche

Julia Strauß

Der Wochenendverführer

52 Ideen für die schönsten Tage der Woche

Illustriert von Katharina Bitzl

Insel Verlag

Inhalt

Frühling

Sommer

Herbst

Winter

Vom Weekend!

Es ist Sonnabend mittag und auf dem Piccadilly Circus dreht sich der Verkehr langsamer, man kann beinah sein eigenes Wort verstehn, denn eine gewaltige Zentrifugalkraft hat die Londoner nach außen geschleudert −: Wochenende. Es ist das einzige Mal in der Woche, wo du sagen darfst: der Verkehr zappelt an dir vorüber, sonst zappelt hier gar nichts. Aber nun haben wohl alle große Sehnsucht, herauszukommen. Auf Wiedersehen, City!

Kurt Tucholsky

Das Wochenende, wie wir es kennen, gibt es noch gar nicht so lange, vor allem nicht bei uns. Dabei sind Ruhetage seit je in allen Religionen verankert und damit fester Bestandteil der wöchentlichen Routine: Während im Judentum der Sabbat, also der Samstag, geheiligt wird, ruht man im Islam am Freitag und im Christentum am Sonntag. Die Ausdehnung der freien Zeit auf einen weiteren Tag war dann eine Errungenschaft der Engländer. Bereits in der ersten Hälfte des 19. Jahrhunderts wurden auf der britischen Insel auf Drängen der Gewerkschaften der freie Samstagnachmittag und damit das *Weekend* eingeführt. Und als Importgut gelangte dieses schließlich auch zu uns.

Heute verstehen wir unter Wochenende landläufig die Zeit von Freitagabend bis Sonntagabend. Mit Hingabe und Eifer wird es gefeiert und dient jede Woche neu als Lagerplatz für große Erwartungen. Schließlich soll es das Gegenteil der Arbeitswoche sein: Alles, was uns fünf Tage lang versagt ist, soll sich dann bitte schön in zwei Tagen erfüllen. Lebensfreude und Übermut, Naturerlebnis und Feiern, Muße und Geselligkeit – im Großen und Ganzen versprechen wir uns also nicht weniger davon als die ganz große Freiheit. Das Beste daran ist: Das nächste Wochenende ist niemals weit entfernt (auch wenn es oft so scheint), und wenn es einmal nicht klappt mit Erlebnis und Zerstreuung, kann man schon bald den nächsten Anlauf nehmen. Insgesamt bietet ein Jahr somit 52 Möglichkeiten für verschiedenste Versuche, vom Alltag Abstand zu nehmen!

Dieses Buch dient der Inspiration und steht mit Rat und Tat zur Seite – und geht dabei ganz realistisch auch auf die Nöte und Möglichkeiten des Menschen am Wochenende ein. Egal ob schlechtes Wetter, akute Unlust, Geld- oder Zeitmangel den nächsten Samstag bestimmen: an interessanten Ideen, die sich trotzdem verwirklichen lassen und das Wochenende um eine Anekdote reicher machen, mangelt es nicht. Ein Universalratgeber gegen Langeweile? Nein, im Gegenteil, selbst Langeweile kann eine hervorragende Wochenendbeschäftigung sein, der man sich viel zu selten hingibt! Diese Sammlung von klassischen und weniger klassischen Freizeitvergnügen kann Ihnen die Augen dafür öffnen, welch schöne Sachen man noch gar nicht kennt oder schon lange nicht mehr gemacht hat. Es geht ums Selbermachen und Ausprobieren, um Schmorbraten, Rodelausflug und Nacktbaden! Die Kapitel sind dabei weniger als verbindliche Anweisungen zu verstehen, vielmehr wollen sie Stichwortgeber sein und den Horizont öffnen. Sie feiern einfache Freuden und suchen das Großartige im Kleinen. Das heißt nicht, dass man nicht auch in Champagner baden darf – falls sich die Gelegenheit ergibt, nur hinein!

Lassen Sie sich inspirieren, beraten und überraschen und blättern Sie gerne auch am Montag oder Dienstag in diesem

Buch. Neben Praktischem und Hilfreichem finden Sie unterhaltende und anregende Gedanken und Zitate von bekannten und weniger bekannten Autoren, die alle eines gemeinsam haben: Sie berichten aus allen Epochen vom herrlichen Leben neben der Arbeit. Denn die Freude darüber, die war schon immer zeitlos. In diesem Sinne: Buch in die Tasche packen und los!

Julia Strauß

Frühling

Veilchen!

Wenn er sie faßte, um sie abzuriechen von den Röcken bis zum Leibchen, von den Händen bis zum Antlitz, dann sagte er, daß sie nichts als Veilchen, ein einziges großes Veilchen sei.

Emile Zola, *Der Bauch von Paris*, 1873

Vom blauen Wunder

Das Veilchen ist ein Hoffnungsträger ersten Ranges. Schon im März spitzen seine zierlichen Blüten, manchmal noch unter einer letzten Schneedecke, an Waldrändern und unter Gebüschen hervor. Wenn das Gras noch gelb und platt ist und es außer blassen Schneeglöckchen sonst noch nicht viel zu sehen gibt, ist das Veilchen mit seinem kräftigen Blau und dem süßen Duft ein Vorbote, der uns die beschwingte Leichtigkeit des Sommers ankündigt. Der Liebreiz dieser kleinen Blume ist ein bisschen in Vergessenheit geraten, sie eignet sich ja weder für große Sträuße, noch lässt sie sich auf Selbstbedienungsfeldern pflücken. Gerade deswegen ist es ein besonders nettes Abenteuer, sich an einem ersten Frühlingswochenende auf die Schatzsuche nach den winzigen blauen Tupfern zu machen. Auf der Wiese sitzen, den Kopf in die erste warme Sonne und die Nase in einen Strauß Veilchen halten – viel besser wird ein Samstagnachmittag nicht. Nicht verschweigen darf man jedoch, dass die Veilchen bei dieser Behandlung ziemlich bald die Köpfe hängen lassen und sie, bis man sie zu Hause in ein Glas stellen kann, fast alles von ihrer zarten Frische eingebüßt haben. Vielleicht also lässt man die Veilchen besser, wo sie sind, und nimmt sich nur den Duft mit. Diese olfaktorische Erinnerung muss dann allerdings erbittert verteidigt werden, gegen einen Duft, der zur gleichen Zeit und viel dominanter durch Wald und Flur weht: Bärlauch! Der protzt mit seiner kräftigen Knoblauch-Note, wächst nicht selten in direkter Nachbarschaft zum lieblichen Veilchen und hat sich in den letzten Jahren zu einem regelrechten Trend-Blattgrün entwickelt. Früher hatte das Veilchen von beiden noch die größere Anhängerschar: Am Wiener Hof wurde der Fund des ersten Veilchens mit einem Ball gefeiert und Kaiserin Sissi hatte es gar zu ihrer Lieblingsblume auserkoren. Für sie wurde eigens von der Hofzuckerbäckerei Demel ein Veilchen-Sorbet kreiert, und auch auf ihrem Nachttisch durfte angeblich ein Strauß der zarten blauen Blume nicht fehlen. Von solchen hochadeligen Weihen wird der Bärlauch immer nur träumen können …

Das Rezept
Verzuckerte Veilchenblüten

Gepflückt und im Wasserglas stehend, lassen Veilchen recht schnell die Köpfe hängen. In diesem Zustand kann man sie aber immer noch nach alter französischer Tradition zuckern! Dazu eignen sich auch die etwas größeren Stiefmütterchen- und Hornveilchenblüten, obwohl nur *Viola Odorata*, das so genannte Duftveilchen, jenes wohlriechende Aroma verströmt.

Die Zutaten:
Veilchenblüten, 1 großes Eiweiß, 1 TL Wasser, feiner Kristallzucker

Und so geht's:

Das Eiweiß mit dem Wasser leicht anschlagen. Die Blüten mit einem Pinsel vorsichtig damit bestreichen, überflüssiges Eiweiß abtropfen lassen. Mit sehr feinem Kristallzucker dünn bestäuben. Auf einem mit Backpapier ausgelegten Blech über Nacht trocknen lassen.

In einem Schraubgläschen halten sich die Blüten einige Zeit und versüßen mit ihrem einmaligen Aroma Cupcakes, Schlagsahne, Torten und Parfaits.

So steht's geschrieben

»Aber warum versprechen die Menschen einander nicht, daß sie niemals zu faul sein werden, eine Apfelsine, einen Strauß Veilchen, einen neuen Bleistift oder eine Tüte Rosinen mitzubringen?«

Milena Jesenská, *Der Teufel am Herd*, 1923

Nachbarn!

Wir sind Montagues und Capulets, nur durch eine
Diele getrennt.
Helene Kessler, *Häusliches Glück*, 1901

Vom Leben der anderen

Die besten Nachbarn sind diejenigen, die sich ganzjährig auf
Weltreise befinden. Solche sind aber selten. Was man stattdessen oft von den anderen Hausbewohnern hört, riecht und sieht,
kann einen bisweilen dazu bringen, das Treppenhaus raschen
Schrittes zu durchqueren. Gute Nachbarn sind ein Glücksfall,
das wissen wir seit der Sitzordnung in der Schule. Hat man
einen erwischt, ist ein guter Nachbar aber eine überaus angenehme Sache. Sei es beim Plausch über den Zaun oder von
einem Balkon zum anderen, sei es als Ersatzteillager für all die
Dinge, die man an einem Sonntag dringend vermisst, als Blu-
men-/Katzen-/Kinderservice oder als willkommene Gesellschaft, wenn man sein Glas Küchenrotwein nicht alleine trinken möchte. Und im Gegensatz zu Freunden und Bekannten
ist ein Nachbar immer in der Nähe.

Wenn man in der Stadt lebt, ist es allerdings nicht selten, dass
man die übrigen Hausbewohner und nähere Nachbarschaft
nur beim gegenseitigen Paketabholen kennenlernt. Bis man
in Erfahrung bringen kann, wer eigentlich ganz nett ist, sind
sie (oder wir) schon wieder umgezogen. Das Komplexe an
nachbarschaftlichen Beziehungen ist, dass sie, einmal einge-
gangen, schwer rückgängig zu machen sind. Man hütet sich

davor, zu schnell zu viel zu investieren. Am Ende stellt man fest, dass der andere seinen Kindern ein Schlagzeug zu Weihnachten geschenkt hat, oder man streitet über die Nebenkostenabrechnung. Bevor der Status also in »es ist kompliziert« umschlägt, bewahren viele lieber den Status quo, der beim Einzug herrschte – wohlwollende Neutralität. Aber das ist langweilig. Deswegen wollen wir ein Wochenende im Jahr den Nachbarn widmen. Fassen Sie sich ein Herz! Lernen Sie Ihre Nachbarn kennen!

Die Übung
Veranstalten Sie einen Big Lunch

Ein Big Lunch ist eine ausgezeichnete Gelegenheit zum Beschnuppern. Sie müssen dafür noch nicht einmal jemanden in Ihre Wohnung lassen und können notfalls nach jedem Gang den Platz wechseln. Die Idee entstand vor einigen Jahren in Großbritannien. Einmal im Jahr werden im ganzen Land Nachbarschaftsfeiern veranstaltet, dafür ganze Straßenzüge gesperrt, kilometerlange Wimpelketten gebastelt und Buffets aufgestellt. Da es ja nicht gleich das ganze Land sein muss, fangen wir mit den unmittelbaren Nachbarn an!

Und so geht's:
Planen: Suchen Sie sich Verbündete. Wenn Sie schon erste Kontakte im Haus haben, umso besser, ansonsten jemanden ansprechen, der Ihnen sympathisch und geschickt veranlagt erscheint.

Einen Termin festlegen: Demokratie und übertriebene Angst vor Regenschauern sind in solchen Fällen hinderlich. Zeitpunkt je nach demographischer Zusammensetzung Ihrer Nachbarschaft auswählen.

Einladen: Persönlich am besten. Auf jeden Fall rechtzeitig eine Vorankündigung an die Haustür hängen und eine Woche vor dem Fest allen Nachbarn eine kleine Erinnerung in den Briefkasten werfen. Falls Sie die ganze Straße sperren lassen, laden Sie auch die ganze Straße ein!

Klarstellen: Sie sind Initiator, aber nicht Organisator und somit nicht für die Anwesenheit von Hüpfburg, Grill und Tanzkapelle verantwortlich. Jeder bringt seinen Tisch, Essen, Getränke und Showeinlagen selbst mit. Es wird vermutlich immer eine Spielverderberpartei geben. Aber: Ein Polizeieinsatz wird für die restliche Hausgemeinschaft ein unvergessliches Erlebnis und liefert Gesprächsstoff für zukünftige Treppenhausbegegnungen.

Am Tag des Festes: Tische vor dem Haus oder im Hinterhof aufbauen, bei Regen reicht auch das Treppenhaus. Tischdecken und Blumen auf dem Tisch verleihen einen festlichen Hauch. Ein Drei-Gänge-Menü wäre wünschenswert, gehen Sie mit gutem Vorbild voran. Namensschilder, Kennenlernspiele, Platzrotation: Lassen Sie sich was einfallen! Es dürfen gerne auch besondere Fertigkeiten zur Aufführung gebracht werden.

Keine Angst vor Misserfolg: Im schlimmsten Falle verbringen Sie ein absurdes Essen auf dem Gehsteig vor Ihrem Haus.

Sie kennen Ihre Nachbarn schon und haben mit allen längst Bruderschaft getrunken? Umso besser, das macht das Veranstalten um vieles einfacher und Sie müssen sich nicht erst noch vorstellen, sondern können gleich mit dem Feiern beginnen.

Die Anleitung
Eine Wimpelgirlande nähen – very British

1. Gleichschenklige Dreiecke mit den Maßen 16 cm (Basis), 21 cm (Seitenlänge) aus Stoffresten ausschneiden und glatt bügeln. Ob altes T-Shirt, Zelt oder Geschirrtuch – es eignen sich nahezu alle Stoffe. Schneiden Sie so viele Dreiecke zu, wie Stoff und Lust vorhanden sind. Am schnellsten geht das mit Hilfe einer Pappschablone.

2. Die Dreiecke gleichmäßig an einer stabilen Schnur auslegen. Die Basis um die Schnur falten und mit Stecknadeln befestigen.

3. Die Stoffstücke an der Schnur festnähen oder ein Saumband zum Aufbügeln verwenden, das erspart die Nähmaschine. Links und rechts an den Enden etwas Schnur zum Aufhängen frei lassen. Denken Sie daran: Je länger die Girlande, desto pompöser!

4. Die Girlande im Treppenhaus aufhängen oder quer über die Straße spannen – so lernt man auch gleich die Nachbarn von gegenüber kennen.

So steht's geschrieben

»Bis jetzt war das Zimmer neben ihr unbewohnt geblieben. Seit einigen Tagen aber rührte und regte es sich darin. Die Möbel wurden umgestellt, die Fenster wurden gelüftet. Beim Auskleiden erfuhr Julie von ihrem Mädchen, daß eine Gräfin mit ihrem Sohne und Italien erwartet würde, der nebenan wohnen und seiner leidenden Gesundheit wegen die Molken trinken sollte. Es beunruhigte sie ein wenig, so nahe Nachbarn zu bekommen, da das breterne Haus wider Willen jeden Schall, jeden Tritt, jedes Wort dem Zimmernachbar mittheilte; doch tröstete sie sich mit dem Gedanken, daß sie ja diese Bekanntschaft nicht zu machen brauche.«

Therese von Bacheracht, *Novellen*, 1849

Einkaufen!

»Ist es nicht fürchterlich, was so kleine Frauen alles
zum Leben brauchen?« sagte er dann wohl, »wenn
ich denke, wie platonisch unsereins vor diesen Schau-
fenstern stehen kann, die Euch zu lauter Fallgruben
werden!«

Ilse Frapan, *Flügel auf!*, 1895

Von der Wucht in Tüten

Seit die Geschäfte am Samstag flächendeckend bis spätabends
geöffnet haben, hat sich der sechste Tag der Woche zum
wichtigsten Einkaufstag schlechthin gewandelt. Der moderne
Samstagseinkauf findet dabei meist nicht mehr in der Stadt,
sondern außerhalb in der Peripherie statt, wo neben riesi-
gen, in die Landschaft asphaltierten Parkplätzen die Super-,
Bau-, Möbel- und Getränkemärkte in mächtigen Hallen rings
um einen Kreisverkehr thronen. Dieses großangelegte Waren-
schaufeln nach amerikanischem Vorbild hat aber nichts mit
der Art von Einkaufen zu tun, dem dieses Wochenende ge-
widmet sein soll. Nein, es geht uns nicht darum, mit einem
Einkaufszettel bestückt so schnell wie möglich die Notwendig-
keiten abzuhaken. Vielmehr soll es ein genussreicher Einkaufs-
bummel sein. Und der hat vor allem mit Flanieren zu tun:
Sichtreibenlassen von Schaufenster zu Schaufenster, über den
Markt und an einen Cafétisch, an dem man dann die Inhalte
der Tüten und Pakete zum ersten Mal in Ruhe begutachten
kann. Die schönsten Käufe sind dabei gerade diejenigen, die
ungesucht und zufällig entdeckt werden und denen man

nicht widerstehen kann. Unser Ziel an diesem Wochenende sind die schönen Geschäfte, die gerne ein wenig versteckt und abseits der großen Einkaufsstraßen liegen, in denen man Originelles, Fremdartiges oder Altbewährtes aufstöbern und finden kann. Lassen Sie sich verführen, kosten und riechen Sie! Es gibt sie noch, die alten Geschäfte und Familienbetriebe! Dieses Wochenende soll keine Plastiktüte geschleppt werden, es sind nur elegante Taschen oder winzige Papiertütchen und Pakete erlaubt. Außerdem wird bar bezahlt und mindestens zweimal ein Verkäufer um Rat gefragt. Ein Einkaufszettel ist verboten, genau wie Einkäufe prosaischer Natur und schlechtes Gewissen. Sollten Sie trotzdem etwas für den Gewissensausgleich tun wollen, lassen Sie auch Daheimgebliebene an Ihrem Einkaufsausflug teilhaben: Ein kleines Mitbringsel lässt nicht nur das beschenkte Herz höher schlagen …

Die Anleitung
Eine Stofftasche nähen

Zwar kann man sich auch mit Nadel und Faden an diese Aufgabe wagen, rudimentäre Nähmaschinenkenntnisse sind jedoch von Vorteil.

Man braucht:
Stabilen Leinenstoff, Nähmaschine und Faden

Und so geht's:
1. Aus dem Stoff ein Rechteck in der gewünschten Taschengröße (ca. 39 cm breit, 88 cm lang) schneiden. Für die Oberkanten der Tasche an den kürzeren Seiten zweimal je 2 cm Saumzugabe umschlagen und festnähen.
2. Für die Henkel zwei lange Stoffstreifen (ca. 74 × 6 cm) zurechtschneiden. An den Längsseiten je 1 cm Nahtzugabe umschlagen und nun den Streifen in der Mitte falten, umbügeln und nah an der Kante feststeppen. Jeweils einen Henkel-Streifen als Schlaufe an einer der kürzeren Stoffseiten ausrichten, die Enden etwa in einem Abstand von 7 cm ansetzen und festnähen.
3. Den Stoff in der Mitte zusammenlegen, so dass die Nähte nach außen zeigen. Nun die Seiten zusammennähen, die Tasche umstülpen – und los geht's zum Einkaufen!

Die Übung
Einkaufen in aller Welt – mit sicheren Internetpasswörtern

Es ist keine Überraschung: 123456 ist noch immer eines der beliebtesten Passwörter der Welt. Auch der folgende Vorschlag ist nicht hundertprozentig sicher, erschwert aber zumindest

Hackersoftware die Arbeit. Damit Sie sich nicht für jedes Einkaufsportal ein völlig neues Passwort ausdenken müssen und jedes Mal wieder ratlos vor der Tastatur sitzen: Denken Sie sich einen Satz aus, der mindestens eine Ziffer, gerne auch Sonderzeichen, enthält und mindestens aus acht Wörtern besteht. Kürzen Sie diesen Satz auf seine Anfangsbuchstaben, behalten Sie Groß- und Kleinschreibung bei und setzen Sie für jedes Online-Portal die beiden Anfangsbuchstaben der Website davor. So erhalten Sie ein immer neues Grundpasswort. Je absurder Ihr Merksatz, umso besser wird er Ihnen im Gedächtnis bleiben!

Geht Fräulein Linda um acht Uhr daheim kaputt?
Wird zu:

Melden Sie sich dann beispielsweise bei hutfedern.de an, lautet das spezifische Hutfedern-Passwort:

So steht's geschrieben

»In der Regel sind es die Verkäuferinnen, und zwar in Geschäften zweiten und dritten Ranges, welche am meisten gegen die Höflichkeitsformen, die auch beim Kaufen und Verkaufen gelten, verstoßen. Oft bedienen sie lässig, mißmutig oder gar nur so nebenbei das Publikum, indem sie während des Vorlegens der Waren ein Gespräch mit den Genossinnen führen, wobei die Käufer die unglaublichsten Dinge zu hören bekommen.«

B. von York, *Lebenskunst*, 1893

Regen!

Alles in der Welt läßt sich ertragen,
Nur nicht eine Reihe von schönen Tagen.

Johann Wolfgang von Goethe

Vom Schietwetter

Der Wetterbericht kündigt ein trübes Wochenende an? Es fällt sogar das Wort Starkregen? Herrlich! (Auch wenn das Frühstücksradio das meistens anders sieht.) Richtiger Regen, der an die Fenster klatscht und in der Dachrinne gurgelt, ist die beste Entschuldigung, um im Haus oder gleich im Bett zu bleiben. Nichts lässt einen Tag geruhsamer werden als die Gewissheit, dass man jetzt ohnehin nicht den Rasen mähen könnte. Wärme und Trockenheit sind von jeher die Gründe, warum Menschen früher den Drang nach einer Höhle und heute nach vier Wänden haben. Nichts erinnert uns besser an die Vorzüge unseres Heims als ein Regentag!

   Nichtsdestotrotz sollte man auch bei Regen kurz rausgehen, wozu hat man sich die Multifunktionsjacke sonst gekauft? Den ollen Spruch mit dem schlechten Wetter und der schlechten Kleidung kann man zwar nicht mehr hören, aber man kann ihn leicht verändern: *Es gibt kein schlechtes Wetter, für das es nicht auch schöne Kleidung gibt!* Wann steckten Ihre Füße zuletzt in richtigen Gummistiefeln? Wissen Sie noch, was für ein Spaß es ist, damit durch Pfützen zu springen? Kaufen Sie sich einen tollen Regenschirm, der auch als Spazierstock dient, der ewige Knirps ist doch nur ein Notbehelf. Also: ein englischer Schirm und ein gelber Friesennerz, dazu Wellingtons (das ist vornehmer für Gummistiefel, benannt nach dem 1. Duke of Wellington, der den klassischen, britischen Schnitt der Gummistiefel erfunden hat) und dann raus in den Regen. Gerade nach einer langen trockenen und warmen Wetterperiode riecht die regenfeuchte Luft unheimlich gut, Wald und Wiesen dampfen und tropfen, und man merkt, wie die Natur sich über den himmlischen Guss freut. Wer im Regen durch die Welt wandert, ist meist allein, und nicht nur deshalb lohnt es sich. Natürlich nur so lange, bis der erste dicke Tropfen in den Mantelkragen gerutscht ist und die Hosenbeine nass sind. Dann kann man getrost wieder nach Hause eilen, die Welt ihrer Dusche überlassen, sich in den trockensten und wärmsten Winkel seiner Wohnung verziehen und darauf lauschen, wie der Regen von innen klingt.

Die Anleitung
Ein Tiefdruckgebiet benennen

Ein Tiefdruckgebiet wird im Wetterbericht selten mit Applaus bedacht, bringt es doch meistens Regen und ungemütliches Wetter. Wie langweilig! Ergreifen Sie die Initiative und werden Sie Namenspate eines solchen Tiefdruckgebietes. Der meteorologische Wetterdienst macht's möglich.

In geraden Jahren tragen Hochdruckgebiete männliche, Tiefdruckgebiete weibliche Namen. In ungeraden Jahren ist es umgekehrt. Die Namensvergabe beginnt jedes Jahr im Januar von Neuem beim Buchstaben A. Jährlich brauchen etwa 150 Tiefdruckgebiete einen Namen, leider weit mehr als Hochdruckgebiete, zudem sind sie mit etwa 200 Euro um einiges günstiger als eine aufziehende Schönwetterfront. Mit etwas Glück können Sie an einem verregneten Wochenende vor dem Radio sitzen und sich über einen Namen freuen, der für alle anderen nur schlechtes Wetter bedeutet.

Die Übung
Salat schleudern – oder: Regen selbst gemacht

Gewaschenen, tropfnassen Salat in einen sauberen Stoffbeutel geben, diesen an den Henkeln packen und in Hammerwerfer-Manier herumschleudern, bis der Salat trocken ist. Achtung: Bitte nur auf dem Balkon oder im Freien praktizieren! Diese Übung hat nämlich nicht nur praktischen Nutzen – sie beschert einen ausgezeichneten künstlichen Regen …

Flohmarkt!

Was es alles gibt, das ich nicht brauche! Aristoteles

Vom Feilschen und Stöbern

Ein Flohmarktbesuch gehört zum Wochenende wie Sahne auf die Torte. Allerdings ist es in Zeiten von ebay und Co. nicht mehr selbstverständlich, dass man einen brauchbaren Flohmarkt in der Nähe geboten bekommt — einen, der eine gewisse Auswahl hat und nicht nur Stände mit Handygehäusen und Batterien. Richtig große Flohmärkte finden zudem oft nur noch zu bestimmten Terminen im Jahr statt. Gerade bei diesen lange im Voraus planbaren Gelegenheiten bietet sich jedoch anstelle eines spontanen Einkaufsbummels der Gedanke an, die Seiten zu wechseln. Rümpfen Sie nicht vorschnell die Nase, einen Nachmittag lang Verkäufer, Hausierer und Marktschreier in eigener Sache zu sein ist eine unterhaltsame Angelegenheit. Außerdem hat dieser Spaß überdurchschnittlich viele Vorteile: Er bringt bares Geld, und zwar steuerfrei, und was noch wichtiger ist, er schafft Platz und leert Schrank und Keller, ohne dass man die Stücke in der Mülltonne entsorgen muss. Der perfekte Kompromiss zwischen schmerzhaftem Weggeben und lieblosem Wegwerfen. Der Ehrgeiz beim appetitlichen Dekorieren des Tapeziertisches, das brillante Verkaufsgespräch, die Freude über jedes verkaufte Stück — das sind Erlebnisse, die man zuletzt mit seinem Kaufmannsladen hatte. Nehmen Sie sich einen Freund mit, zu zweit ist alles doppelt lustig. Wichtig ist: Harren Sie nur so lange mit Ihrem Stand aus, wie Sie

Spaß daran haben – und bis Sie zumindest einen Teil verkauft haben, damit Sie nicht den ganzen Krempel wieder mit nach Hause nehmen müssen. Was sich trotz bester Bemühungen nicht verkauft, kommt bitte schön zu großen Teilen in den Container, der auf den meisten Flohmärkten am Ende geöffnet wird. Und hüten Sie sich, das eingenommene Geld gleich wieder in neue Flohmarktsachen umzusetzen. Das ist allerhöchstens im Verhältnis fünf zu eins erlaubt: Für fünf verkaufte Teile darf ein neues ins Auge gefasst werden. Machen Sie mit dem Geld lieber etwas Besonderes. Egal, wie viel oder wenig es ist, den nächsten Urlaub versüßt es allemal …

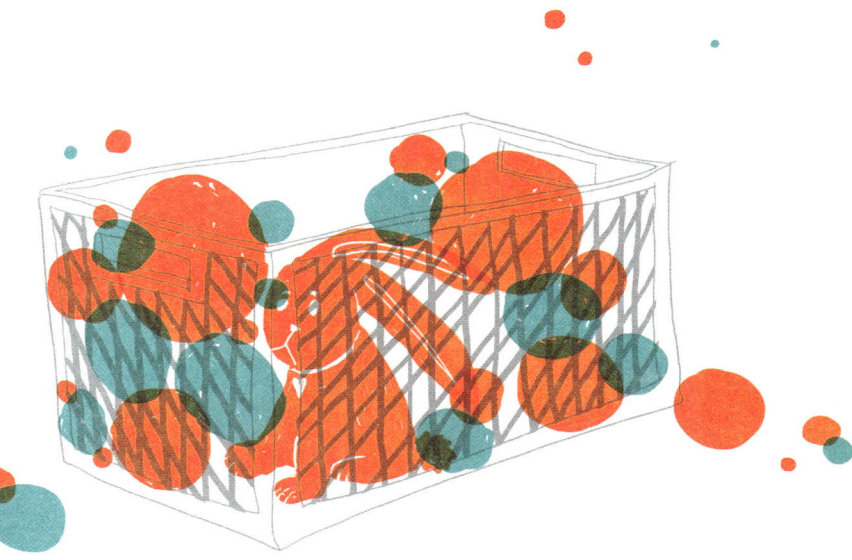

Die Anleitung
To-do-Liste für angehende Flohmarktverkäufer:

* Bereiten Sie Ihren Flohmarkttag gut vor!
* Sondieren Sie potentielle Waren und wägen Sie ab, ob sie für einen Flohmarktbesuch ausreichen.
* Besorgen Sie einen Tisch, irgendwer hat bestimmt den berühmten Tapeziertisch im Keller.
* Informieren Sie sich, ob Sie mit dem Auto zum Standplatz fahren können oder die Sachen vom Parkplatz tragen müssen – dann hilft eine Sackkarre!
* Denken Sie an einen bequemen Klappstuhl und eine kleine Handkasse, beides zu haben ist sehr angenehm.
* Packen Sie die Sachen in Kisten, nach Wertigkeit sortiert. Vergessen Sie Kleidung nicht, die gehört zu den besonders gefragten Waren. Auch Parfüm-Geschenke, die Sie nicht mögen, sind Kassenschlager! Bücher nur bedingt – viel zu schleppen und geringe Erlöse.
* Räumen Sie das Auto am Vorabend ein, gehen Sie rechtzeitig schlafen und stehen Sie, auch wenn es weh tut, früh auf. Ein guter Platz zahlt sich aus.
* Nützliche Accessoires: Stifte, Wechselgeld, Sonnencreme, Tüten, Zeitungspapier zum Einpacken von Geschirr, Brotzeit, Kleiderbügel, Taschenlampe (wenn Sie früh unterwegs sind) und ganz wichtig – eine Tischdecke, damit Ihre Waren nicht kahl auf dem Tisch liegen.
* Preisschildchen schreiben macht zwar Spaß, ist bei Flohmarkt-Puristen aber nicht gern gesehen. Überlegen Sie sich lieber Ihre Preisvorstellungen und wie weit Sie mit sich bei besonderen Stücken handeln lassen.

* Wenn der Verkauf schleppend läuft – umdekorieren. Flohmarktbesucher stehen auf Wühlkisten, gerne mit einem Schild dran: Alles für drei Euro! Das kommt immer an.

* Letzter Tipp: Lassen Sie sich nicht ärgern. Es gibt auf jedem Flohmarkt Kunden, die alles für einen Euro haben wollen. Das muss nicht sein. Aber Handeln und niedrige Preise gehören dazu, und wenn Sie Sachen haben, die Sie ohnehin nie mehr brauchen, dann können Sie bei einem Schnäppchenjäger auch mal ein Auge zudrücken. Was weg ist, ist weg!

So steht's geschrieben

»Seid ihr auch so mißtrauisch, wenn euch einer erzählt, er habe auf so einem Markt eine echte chinesische Vase, dreiundzwanzigste Kung-Dynastie nach Christi Geburt, gefunden, der Ochse, der Händler, habe das natürlich nicht gewußt, welches Kleinod …? Hier, sehen Sie mal an! Für vier Schilling!«

Kurt Tucholsky, *Der Markt des Schweigens*, 1931

Berge!

Die Dame dachte: Also hierher ist er gegangen. Den
Bergen galt immer seine größte Liebe. Ich hätte
Alpinistin werden sollen. Vielleicht wäre dann alles
anders gekommen.   Luis Trenker, *Schicksal am Matterhorn*, 1957

Vom Alpinismus

Was dem einen das Meer, sind dem anderen die Berge. Man
muss den Kontinentalplatten dankbar sein, dass sie ihre Kon-
flikte auf eine Weise ausgetragen haben, die uns die Alpen und
manch andere wildromantische Erdfalte beschert hat. Die Berge von unten zu betrachten ist schon hübsch, aber so richtig
erlebt man sie eigentlich nur, wenn man sie ein Stück weit be-
steigt und sich selbst eine Aussicht und ein Panorama erarbei-
tet. Schon nach nur 200 durchlittenen Höhenmetern lässt sich
hervorragend und kein bisschen pathetisch à la Sir Edmund
Hillary sagen: *Nicht den Berg bezwingen wir, sondern uns selbst.*

Wer im Einzugsbereich eines Gebirges wohnt, weiß, dass
es unter der Woche kaum ein häufiger diskutiertes Thema
gibt als: wohin die Bergtour am Wochenende gehen soll. Die
schönsten Routen und besten Hütten sind dabei wertvolle Informationen, die nur unter der Hand weitergegeben werden.
Falls Sie einen alpinbegeisterten Bekannten haben, entlocken
Sie ihm seine geheime Genusstour!

Doch nicht nur Alpenanrainer, auch Flachlandbewohner sollten wenigstens ein Wochenende im Jahr in die Welt der Berge
eintauchen. Es geht dabei gar nicht um Klettern, Goretex und

Steinschlag, sondern um das erbauende Gefühl der Höhe und um die netten Sachen, die mit der Bergwelt einhergehen: eine deftige Brotzeit, das Bimmeln der Kuhglocken, die Almdudler-Fähnchen und vielleicht sogar die Erinnerung an einen Urlaub aus Kindertagen. Am besten bezieht man für eine Nacht in einer Almhütte Quartier, selbst wenn die Unterkunft vielleicht nicht Ihren sonstigen Standards entspricht. Dafür entschädigt das Gefühl am nächsten Morgen, dass Sie bereits in aller Gemütsruhe die Almwiesen und Höhenwege genießen können, während alle anderen sich erst hinaufquälen müssen. Um sich in den Bergen wohlzufühlen, braucht es nicht viel: ein glucksender Bach, ein warmer Fels, ein paar Enziane und eine Karte, auf der Sie die Antwort auf die stets auftauchende Frage finden: Wie heißen eigentlich die Gipfel um uns herum?

Und keine Angst, für eine normale Bergwanderung muss es nicht gleich eine Expeditionsausrüstung sein. Wenn das Wetter stabil ist, reichen gute Schuhe (knöchelhoch!), Pullover und Regenschutz, Notschokolade, Wasser und ein Tuch für den Kopf. Stecken Sie sich keine zu hohen Ziele, schließlich soll das Bergwochenende ein Genuss werden und keine Qual. Lassen Sie die Mountainbiker und Gipfelstürmer vorbeiziehen, denn uns geht es ja um etwas ganz anderes: ein wenig Abstand zur restlichen Welt und ein paar Stunden näher am Himmel!

Die Übung
Den Duft der Berge einsammeln –
Kräutertee selbstgemacht

Bergthymian und Kamille schmecken nicht nur Almkühen gut. Sammeln Sie bei der nächsten Wanderung einfach Ihren eigenen Bergkräutertee. Vorweg: Verzehren Sie nur Blumen und Kräuter, die Sie 100%ig als essbar identifiziert haben.

Für die Teemischung eignen sich:

* Gesunde Kräuter, wie Kamille, Löwenzahnblätter, Birkenblätter, Salbei
* Schöne Blüten, wie Holunderblüten, Kornblumen- blüten, Lavendel, Rosenblätter, Ringelblumen, Veilchen, Löwenzahn
* Gut duftende Kräuter, wie Bergthymian, Majoran, Zitronenmelisse, Rosmarin, Pfefferminze
* Getrocknete Früchte, wie Blaubeeren, Himbeeren, Hollerbeeren, Johannisbeeren, Birnen und Äpfel

Wie wäre es mit einer Mischung aus Birnenstückchen, Ringel- blumen, Pfefferminze, Kornblumen?

Die gesammelten Kräuter und Blumen in Bündeln trocknen, dabei auf eine nicht zu hohe Luftfeuchtigkeit achten, sonst droht Schimmel! Verwenden Sie für die Teemischung nur die Blütenblätter. Die Früchte trocknet man am besten im Back- ofen, bei 50°-60° über mehrere Stunden. Einmal getrocknet, lässt sich das Bergaroma in luftdichten Gefäßen für den Win- ter einlagern, am besten an einem kühlen und dunklen Ort.

Etwa vier Teelöffel mit heißem Wasser übergießen und je nach Geschmack 5-10 Minuten ziehen lassen.

Benennen Sie Ihre Teemischung doch nach dem Berg, auf dem sie gesammelt wurde!

Das Rezept
Kaiserschmarrn

Berge und Kaiserschmarrn, das gehört zusammen! Am einfachsten lässt er sich mit der unfehlbaren Tassenmethode für schlecht ausgestattete Almhütten zubereiten (je nach Hunger und zurückgelegten Höhenmetern für 2-4 Personen):

Die Zutaten:
1 Tasse Eier
1 Tasse Mehl
1 Tasse Milch
2 EL Butter
1 Prise Salz
evtl. Mandelsplitter und Rosinen

Und so geht's:
* Erst Eier und Mehl verrühren, dann gibt's keine Klumpen.
* Die Butter schmelzen, leicht bräunen lassen und zusammen mit einer Prise Salz in den Teig geben; diesen nun etwa eine Viertelstunde quellen lassen.
* Etwas Fett und Butter in eine Pfanne geben und einen Schöpflöffel voll Teig darin ausbacken.
* Den Kaiserschmarrn mit einem Kochlöffel in Fetzen reißen, nochmals mit Zucker und nach Belieben mit Mandelsplittern und Rosinen verfeinern.

Putzen!

Es gibt wenig Aufgaben, die der Sisyphus-Qual
verwandter sind als die Hausfrauenarbeit.

Simone de Beauvoir

Vom Schmutz der Dinge

Das Großreinemachen steht auf der Liste der romantischen
Wochenendtätigkeiten sicherlich nicht weit oben. Aber es gehört nun mal in die Top Ten der alltäglichen Aufgaben, die das
Leben so mit sich bringt, ob uns das passt oder nicht. Eigentlich
kennt die Sisyphusaufgabe des Instandhaltens und Reinigens
keine Wochentage, trotzdem hebt man sich die aufwändigen
Dinge eher fürs Wochenende auf. Einmal Großputz pro Quar-
tal ist allerdings effektiver als ständiges Aufschieben und halb-
herziges Herumfeudeln. Eigentlich ist es wie mit dem Zahn-
arzt (und auch ähnlich unerfreulich): Wer sich regelmäßig
überwindet, dem droht am Ende nicht das ganz große Elend.

Das A und O einer Putzoffensive ist, einen Plan zu machen
und sich ein Ziel zu setzen, genug Zeit zu haben und sich
nicht ablenken zu lassen. Nichts ist schlimmer als ein halbaus-
geräumter Küchenschrank oder punktuell geputzte Fenster,
nichts deprimiert mehr als das Chaos nach dem Aufräumen,
wenn man den Schrank zwar ausgeleert, sich dann aber irgendwie verzettelt hat. Schon was man nur auf den nächsten
Tag verschiebt, wird meist nie erledigt. Nehmen Sie sich also
nicht zu viel vor. Ein Zimmer nach dem anderen, der Keller
kommt dann beim nächsten Mal dran.

Die Motivation ist und bleibt das größte Hindernis. Niemand hat per se Lust auf Gummihandschuhe und Putzeimer oder auf das, was ans Tageslicht kommt, wenn man Sofa und Schrank beiseiteschiebt. Aber sehen Sie es doch mal so: Warum sollte Ihre Wohnung nur dann porentief rein sein, wenn Sie wieder ausziehen? Warum diesen Luxus nicht selbst in Anspruch nehmen? Außerdem ist ein Putztag eine herrliche Gelegenheit, den ganzen Tag in einem – wie es im Englischen so hübsch heißt – abgewetzten *Laundry-Day-Ensemble* herumzulaufen, laut Musik zu hören und alle Störungen von außen zu ignorieren. Putzen hilft auch, einen mittleren Kater oder schlechte Laune zu vertreiben: Eine einfache Arbeit wie das Schrubben der alten Fugen im Bad oder das Einlassen der Holzmöbel hat beinahe meditativen Charakter. Aufpassen, bisweilen gerät man in einen solchen Putzeifer, dass man versucht ist, noch auf dem Gehweg weiterzuwischen. Wichtig für den erfolgreichen Abschluss eines Putztages ist eine Belohnung: Gehen Sie essen oder zumindest einen schönen Strauß Blumen kaufen. Nichts ist herrlicher, als in eine glänzende, aufgeräumte Wohnung zurückzukehren! Es fühlt sich fast so an, als wäre man in einer Hotelsuite gelandet – aber einer, die ganz nach dem eigenen Geschmack eingerichtet ist.

Die Anleitung
Silber putzen

Angelaufenes Silberbesteck löst heutzutage am Esstisch zwar nicht mehr das große Grauen aus, trotzdem lohnt es sich von Zeit zu Zeit, das Familiensilber auf Hochglanz zu bringen, und sei es nur für den Wow-Effekt. Und um der mühseligen Polierarbeit zu entgehen, versuchen Sie es doch mal mit dieser selbstreinigenden Putztechnik!

Und so geht's:

1. Kleiden Sie eine Schüssel, die groß genug ist, um je nachdem das Silberbesteck oder den Kandelaber zu fassen, mit Alufolie aus.
2. Legen Sie das Silber in die Schüssel, und zwar so, dass es die Alufolie berührt.
3. Streuen Sie nun Backpulver über das Ensemble und gießen Sie das Ganze mit kochendem Wasser auf.
4. Wenn das Gebräu anfängt, seltsam zu riechen und zu blubbern, haben Sie alles richtig gemacht und können Ihrem Silber in wenigen Minuten bei der Selbstreinigung zusehen.

Noch kein Tafelsilber im Haus? Ab zum Kapitel Flohmarkt.

So steht's geschrieben

»Hübsch muß es ja sein, einen solchen neuen kleinen Haushalt immer blitzblank und sauber wie ein richtiges Puppenheim zu halten, vormittags Putzen und Kochen, nachmittags, wenn der Mann fort ist, mit einer Handarbeit am Fenster oder im Sommer auf dem Balkon sitzen und hinausschauen und ein bißchen spintisieren, und abends sich schlafen legen können, wenn man Lust hat. O ja. O ja ...«

Margarete Böhme, *Mieze Biedenbach – Erinnerungen einer Kellnerin*, 1906

Feiern!

Was sind denn das für Feste, zu denen wir nicht
eingeladen werden?

Franziska zu Reventlow

Vom Festefeiern

Feiern, das bedeutet heute für viele nichts anderes, als abends
auszugehen. Eigentlich schade, denn zum Feiern gehört schon
ein richtiges Fest, nicht nur irgendeine Kneipe. Zu einem richtigen Fest wiederum gehört ein guter Anlass. Das muss keineswegs immer nur ein profaner Geburtstag sein. Gute Festanlässe sind zum Beispiel: Die Wohnung ist gerade so schön
aufgeräumt. Die doofen Nachbarn sind ausgezogen. Noch keine
Kinder im Haus. Oder einfach: Man hat Lust auf eine Champagnerpyramide und die Frisur sitzt auch.

Ein richtiges Fest zu veranstalten ist eine aufwändige Sache.
Viel leichter ist es, das immer aufs nächste Jahr zu verschieben.
Damit muss aber Schluss sein: Warum nicht am nächsten freien Wochenende? Hat man sich erst einmal zu einem Termin
durchgerungen, sollte man auch gleich die ersten Einladungen
auf Büttenpapier verschicken. Dann gibt's kein Zurück mehr.

Als Gastgeber hat man tausend Sorgen: Kommen zu viele
oder zu wenige Gäste, ist von allem genug da, ohne dass das
Fest zu pompös wirkt, werden sich die Menschen langweilen
und heimlich auf die Uhr schielen oder werden sie alles auseinandernehmen? Genau kann man das nie vorhersagen. Aber
man kann als Gastgeber zumindest ein paar Grundregeln ein-

halten, das fängt schon bei der Gästeauswahl an. Neulich stand auf einer Einladung geschrieben: »Jeder darf gerne noch jemanden mitbringen, der entweder sehr schön ist *oder* sehr interessant. Menschen, die beide Attribute vereinen, sind aber eine Frechheit.« Da hat sich jemand Gedanken über die Zusammensetzung seiner Gäste gemacht, die wir vollkommen nachvollziehen können. Ein gutes Fest lebt von Gästen, die feiern möchten, die ein Glas zu viel trinken oder die ein amouröses Abenteuer suchen. Es braucht solche, die anfangen zu tanzen, und solche, die irgendwann knutschend im Gang stehen. Es muss knistern. Je mehr Gäste, desto aufregender wird das Fest. Aus den immer gleichen fünf besten Freundinnen wird man beim besten Willen keine rauschende Feier machen. Singles müssen her, viele Paare benehmen sich auf Festen nämlich seltsam gehemmt. Es darf nicht zu hell sein und keinesfalls zu viele Sitzgelegenheiten geben. Wer sitzt, feiert nicht. Eine wichtige Pflicht hat der Gastgeber dann noch: seine Gäste an der Tür zu empfangen und ihnen möglichst schnell ein Glas zu reichen. Stimmt der erste Drink, wird man sich den restlichen Abend nicht mehr um seine Gäste kümmern müssen und kann sich wie ein Gast auf dem eigenen Fest vergnügen.

Das Rezept
Hollerblütensirup

Hollerblüten gibt es früh im Jahr und zu einer Zeit, in der man (noch) Lust auf Selbermachen hat. Sie blühen im Mai und Juni überall: an Bahndämmen, in Hinterhöfen und Hofeinfahrten. Für den Sirup sammelt man aber am besten an einer idyllischen Stelle im Wald, ein bisschen zivilisationsfern, nur des besseren Gefühls willen.

Wichtig: Erst auf dem Rückweg vom Badeausflug pflücken. Ein Auto, in dem den ganzen Tag eine Stofftüte mit Hollerblüten lag, verströmt einen etwas eigenartigen Geruch!

Die Zutaten:
etwa 30 Hollerblüten
1 ½ l Wasser
1 kg Zucker
1 Päckchen Zitronensäure
2 unbehandelte Zitronen

Und so geht's:

* Hollerblüten sammeln und die Blüten ausschütteln (am besten im Freien, um kleinere Bewohner draußen zu lassen). Nicht zu stark, sonst verabschiedet sich auch der aromatische Blütenstaub.
* Das Wasser mit dem Zucker aufkochen und rühren, bis sich der Zucker gelöst hat.
* Die Blüten in eine große Schüssel geben und das Zuckerwasser darübergießen. Zitronensäure und in Scheiben geschnittene Zitronen dazugeben.
* Einige Tage mit einem Geschirrtuch bedeckt an einem kühlen, dunklen Ort ziehen lassen. Nach einiger Zeit sieht der Ansatz nicht mehr ganz so frisch aus, das macht aber nichts.
* Abseihen, noch mal aufkochen.
* Den Hollerblütenaufguss in saubere Flaschen mit Schraubverschluss abfüllen.

Hollersirup eröffnet, mit Sekt aufgegossen, Feiern von Taufe bis Silvester (mit Wasser gespritzt schmeckt's natürlich auch!)

Die Übung
Lampions aufhängen

Nicht zu vernachlässigen ist die richtige Festbeleuchtung. Und was könnte schöner sein als der gute alte Lampion. Wer nicht möchte, dass Garten oder Balkon aussehen wie aus einem Heimatfilm der 1950er-Jahre, der sollte nicht alle Lampion-Farben kombinieren. Edler sieht es aus, wenn man nur weiße Lampions verwendet, besonders eindrucksvoll und prächtig leuchten allerdings die orangen. Und falls das Fest ein Regenfest wird: die Lampions bündeln und von der Decke hängen lassen, als Bouquet aus kleinen Sonnen, das sieht auch ohne Kerze toll aus. Je mehr, desto schöner!

Die Anleitung
Papiertütenlaternen basteln

1. Den Rand einer weißen Papiertüte oder einer einfachen Butterbrottüte 2,5 cm breit umschlagen und glattstreichen
2. An den Seiten je 1,5 cm unterhalb des Randes mit Hilfe einer Ösenzange kleine Metallösen einstanzen.
3. Einen etwa 40 cm langen Draht durch die Ösen fädeln und zu einem Henkel festzurren
4. Ein kleines Gläschen plus Teelicht hineinstellen, anzünden, aufhängen!

Es geht noch einfacher: In die Butterbrottüte ein kleines Glas stellen, Teelicht rein, fertig ist der Tischlampion. Schön ist auch, die Butterbrottüten zuvor mit passenden Sprüchen zu bedrucken. Falls die Tüte allein nicht in den Drucker will: auf einer normalen DIN-A4-Seite mit wieder ablösbarem Klebeband fixieren.

So steht's geschrieben

»Als der Abend über Zelte, Wagen, Konfetti und Tanz hereinbrach, zündete man die Lampions an, und man bemerkte nicht, daß sie von plötzlichen Windstößen stärker geschaukelt wurden, als es sich für festliche Lampions schicken mochte. Das Wetterleuchten, das immer heftiger den Himmel erhellte, konnte sich mit dem Feuerwerk, das die Mannschaft hinter dem Wäldchen abknallte, noch lange nicht vergleichen. Und man war allgemein geneigt, die Blitze, die man zufällig bemerkte, für mißlungene Raketen zu halten.« Joseph Roth, *Radetzkymarsch,* 1932

Einpflanzen!

Wird es April, lehne ich unweigerlich an meinem Zaun,
starre auf das verfluchte Rechteck und nehme mir mit
aller Kraft vor, dieses Mal nichts darauf zu pflanzen.

Arthur Miller

Vom Gärtnern

Wir sind uns sicher: Gärtner sind bessere Menschen. Wer jahrelang Pflänzchen gehegt, Unkraut gejätet und beim Säen, Gießen und Ernten den Lauf der Jahreszeiten verfolgt hat, der hat meist eine bewundernswerte Gelassenheit. Erdung! Das Wühlen im Beet lässt Probleme vergessen und bietet als Belohnung die Gewissheit, mit den eigenen Händen ein Tagwerk vollbracht zu haben und irgendwann vielleicht etwas für die eigene Küche mitnehmen zu können. Ein Garten macht Mühe und Rückenschmerzen, verlangt Geduld, Frustrationstoleranz und Kreativität – aber, hurra, alles an der frischen Luft.

Nun hat nicht jeder einen Bauerngarten oder ein Landgut, was uns zur neuesten Entwicklung in Sachen Garten führt: Zum *Urban* und in verschärfter Form zum *Guerilla Gardening*. In vielen Städten gibt es heute Gemeinschaftsgärten, solidarisch bepflanzte Brachflächen, Dachgärten und gerade bei jüngeren Städtern die Erkenntnis, dass ein Balkon mehr ist als eine Ablagefläche für Bierkästen. Die Lust am Einpflanzen ist mehrheitsfähig geworden und egal ob Garten, Balkon, Ackerstreifen oder Fensterbrett: Jeder Flecken Erde sieht besser aus, wenn aus ihm eine Blume oder ein bisschen Petersilie wächst!

An einem Wochenende kann man viel einpflanzen, Samentütchen gibt es in jedem Supermarkt. Mit Erde, ein paar Töpfen und Kästen lässt sich einfach ausprobieren, ob man den Tütcheninhalt so aufs Beet bekommt, wie es einem das Bild verspricht. Schon die Vorfreude ist ein wichtiger Teil des Gärtnerns, und die Fantasie wächst schneller als jedes Pflänzchen. Verwandeln Sie ihren Balkon mit einem Sommerflieder in eine Schmetterlingsoase oder pflanzen Sie gleich eine Allee, auf die noch Ihre Urenkel stolz sind. Vielleicht auch nur ein Mini-Küchengarten auf dem Fensterbrett? (Zum Sorgengewächs Basilikum, siehe Kapitel Balkon!) In diesem Sinne: Auf die Knie! (Aber Kissen unterlegen.)

Eine Anmerkung zum Urban Gardening

Gärtnern in der Stadt ist eine romantische Idee, kann gut funktionieren und gefällt auch den arg vernachlässigten Stadtbienen. Und den Grünstreifen vor dem Haus zu bepflanzen wird inzwischen nicht nur geduldet, sondern in vielen Städten gefördert. Der Nachteil für Pflanzen und Gemüse: Feinstaub und andere Verschmutzung. Grundsätzlich gilt:

* Jeder Meter Abstand zur Straße zählt (sieben sind optimal!), Hecken und Häuser dienen als Schadstoffbarriere.
* Kräuter und Blattgemüse sind besonders anfällig, Obst und Fruchtgemüse wie Tomaten, Bohnen, Gurken oder Kürbisse sind schadstoffresistenter.
* Glück hat, wer in der dritten Etage oder höher wohnt, mit jedem Stockwerk nimmt die Schadstoffbelastung ab. Auf dem Balkon kann man unbedenklich Gemüse ziehen.
* Geerntete Pflanzen gründlich reinigen, der Großteil der schädlichen Stoffe haftet an der Oberfläche.

Die Übung I
Guerilla Gardening light: Saatbomben werfen

Für diese Übung brauchen Sie keinen grünen Daumen, nicht einmal einen Garten oder Balkon. Obwohl es sich gefährlich anhört, hat »Saatbombenwerfen« nahezu gar kein aggressives Potential. Eine Art »sanfte Rebellion« gegen flächendeckenden Beton ist es aber irgendwie doch, denn damit grünt's auch an unzugänglichen Ecken.

Und so geht's:
5 Teile rote Tonerde mit 3 Teilen Komposterde, 1 Teil Blumensamen, z.B. Kapuzinerkresse und 1 Teil Wasser mischen, zu pralinengroßen Kugeln rollen, einen Tag trocknen lassen, auswerfen!

Die Übung II
Ein Garten-Workout

Nach dem Gärtnern ist eine vortreffliche Zeit für etwas Sport, denn Ihr Körper ist bestens aufgewärmt! Tun Sie etwas für Ihren Rücken – er wird es Ihnen nicht nur zur Erntezeit danken.

Gegen Ziehen im Rücken
Aufrecht stehen, die Beine parallel und hüftbreit, das Körpergewicht auf die Fersen verlagert. Nun die Arme nach oben strecken, dabei die Schultern bewusst nach unten ziehen! Gleichzeitig das Gesäß nach unten hinten bewegen, als würden Sie sich setzen wollen, aber: Die Knie gehen dabei nicht nach vorne! Wieder nach oben kommen, dabei die Arme im 90°-Winkel auf Schulterhöhe zur Seite nehmen. Der Rücken bleibt während der ganzen Übung gerade. Verwenden Sie ge-

füllte Wasserflaschen oder zwei große Zucchini als Hantel-ersatz, das verstärkt den Trainingseffekt! 10-15 Mal wiederholen, 3 Durchgänge.

Gegen verspannte Schultern

Das gute alte Schulterkreisen – gelingt im Sitzen oder Stehen: Arme locker neben dem Körper hängen lassen, nun Schultern nach hinten kreisen, dabei den vollen Bewegungsumfang aus-schöpfen.

So steht's geschrieben

»Von ganzem Herzen wünsche ich mir, ich wäre ein Mann, denn ich würde mir natürlich als erstes einen Spaten kaufen und gärtnern, und dann hätte ich das Vergnügen, für meine Blumen alles mit eigener Hand zu tun, und bräuchte meine Zeit nicht damit zu vergeuden, jemandem zu erklären, was er machen soll. Es ist langweilig, Anordnungen zu geben und sich zu mühen, die leuchtenden Phantasiebilder unter der eigenen Stirn jemandem zu beschreiben, der keine Phantasie und kaum was unter der Stirn hat und der glaubt, ein gelbes Beet bestünde aus Pantoffelblumen umrandet von etwas Blau.«

Elizabeth von Arnim, *Elizabeth und ihr Garten*, 1898

Balkon!

Der Stadtbewohner, der seine Gäste auf dem Balkon
bewirten kann, leistet ihnen einen doppelten Dienst,
denn sie können sich einbilden, daß sie einige Stunden
im Freien zugebracht haben, wobei niemand daran
denkt, was alles in der Stadt Aufenthalt im Freien genannt wird.

Der Moderne Knigge, 1906

Vom Frischluftzimmer

Bei der Wohnungssuche schafft er es locker unter die Top Five
der ewigen Wünsche. Kein Wunder, denn dem Balkon gelingt
(fast) die Quadratur des Kreises: Man ist draußen in der Welt,
ohne die eigenen vier Wände verlassen zu müssen. Ob Regen
oder Sonne, ein paar Minuten auf dem Freisitz vermitteln ein
Gefühl für die Elemente und lockern auch ausgedehnte Sofa-
Wochenenden auf. Darüber hinaus ist ein Balkon vor allem
praktisch: Wenn man morgens nicht zaghaft den Fuß aus
der Balkontür strecken könnte, ließe sich die Garderobe viel
schlechter an überraschend warmes oder kaltes Wetter anpas-
sen. Noch dazu nimmt er und niemand sonst es einem übel,
wenn man ihn nur halb anständig angezogen betritt. Er dient
vorzüglich als Notaufnahme für rauchende Pfannen, Getränke-
kisten und als Versteck für heimliche Geliebte, denn wer hat
schon genug Platz in seinem Schrank? Kurzum: Selbst ein Balkon von der Größe einer Tageszeitung ist besser als keiner. Man
sollte allerdings bedenken, dass so ein Wohnungsvorsprung
auch eine Art Visitenkarte ist, gewissermaßen der Vorgarten

im dritten Stock. Vergessen Sie nicht die unstillbare Neugierde der Nachbarn und grüßen Sie auch ab und zu würdevoll zur Straße hinunter, ganz so, als wäre das vorbeiströmende Volk auf dem Bürgersteig nur Ihretwegen gekommen.

Sicher ist, dass ein Balkon es nicht verdient hat, sein Schicksal als Rumpelkammer zu fristen. Somit gibt es immer etwas zu verschönern, zu entrümpeln oder zu putzen – eine wunderbare Aufgabe für ein Wochenende, an dem die unbeständige Witterung oder die eigene Laune gegen ein Verlassen des Hauses sprechen, frische Luft aber dennoch willkommen ist. Abgesehen von den unendlichen Möglichkeiten der Verwandlung in einen Nutz-, Zier- oder Zen-Garten, lassen sich Hängematten, Lichterketten und Lampions installieren, ein Holzboden verlegen, Sonnensegel und Grill ans Geländer hängen, je nach spiritueller Neigung auch Wäscheleinen und Gebetsfahnen. In Neapel steht auf jedem Balkon ein Transporteimer mit Flaschenzug, dank dem man sich das Treppensteigen spart! Was auch immer Sie mit Ihrem Balkon vorhaben, eine Laterne auf dem Balkon zu haben ist immer schön. Die flackert gemütlich, begrüßt Heimkehrende und Gäste und ist Ihr eigener kleiner Leuchtturm, mitten in der Stadt.

Die Anleitung I
Der Balkon im Sommer – Überlebenstipps für Basilikum

Das liebe Basilikum: herrlich grün, duftend, kräftig – bis der grüne Wochenendeinkauf zu Hause auf dem Küchentisch die Blätter hängen lässt. Ist es nicht faszinierend, wie schnell ein Basilikum sich in Grünabfall verwandelt? Und wenn man dann denkt: gießen, gießen, gießen!, versetzt man ihm den finalen

Todesstoß und außer Frust bleibt nix, schon gar kein frisches Grün für die Spaghetti. Zweifeln Sie nicht an Ihren gärtnerischen Fähigkeiten. Schuld waren nicht Sie, sondern das Basilikum. Die Kräutertöpfchen aus dem Supermarkt werden schnell hochgezüchtet und sind nicht dafür gemacht, riesige Buschen zu bilden, die auch noch die nächste Generation erfreuen. Mit ein paar Tricks lässt sich das jedoch ändern.

Und so geht's:

* Raus mit dem Basilikum aus der Supermarkterde.
  Es braucht viel Platz und sollte in frische Erde und einen großen Tontopf umgebettet werden.
* Basilikumpflanzen wollen feucht gehalten, nicht ertränkt werden. Vor allem: Nicht von oben gießen! Besser handwarmes Wasser in einen Untertopf füllen, den Topf hineinstellen und die Pflanze aufsaugen lassen.
* Basilikum wächst am besten an einem warmen, hellen Platz. Bei zu viel direkter Sonne verbrennen seine Blätter.

Wenn das alles nichts nützt, dann hilft nur noch selber säen!

Die Anleitung II
Der Balkon im Winter – ein Eislicht herstellen

Fallen die Temperaturen dauerhaft unter den Gefrierpunkt, wächst nicht mehr viel auf dem Balkon, außer: ein Eislicht! Macht kalte Hände und warme Herzen.

Und so geht's:

* Einen Plastikeimer mit Wasser füllen, auf den Balkon stellen und einfrieren lassen, so lange, bis die Seiten und der Boden etwa 8 cm zugefroren sind.
* Bevor Sie nun den Eisklotz aus dem Eimer stürzen (am besten in die Badewanne), lassen Sie ihn bei Zimmertemperatur antauen, so löst sich das Eis besser.
* Schlagen Sie die dünne Eisschicht, die sich an der Oberfläche gebildet hat auf und schütten Sie das restliche Wasser aus.
* In den entstandenen Hohlraum eine Kerze stellen.
* Experimentieren Sie mit verschiedenen Gefäßen: Schön ist es etwa, das Eislicht in einer alten Gugelhupfform herzustellen. Als Schmuck lassen sich auch kleine Winteräpfel, Zapfen oder letzte Gartenblumen im Eis gefrieren.

So steht's geschrieben

»Wird er ›kommen‹? Nämlich der Wein in den Kästen auf dem Balkon. Die dicke Dame, die vor mir in dieser Wohnung hauste, hat es mir versichert. Sie hat mir ausgemalt, wie dicht er sich rankt und die ganze Welt verhüllt. ›Ganz versteckt sitzt man dann hier‹, sagte sie und machte schrecklich verführerische Augen.«

Franz Hessel, *Wird er kommen?*, 1933

Reisen!

Straßen voll Wasser – Bitte um Rat!

Robert Benchley, *Telegramm aus Venedig*

Vom Fernweh

Natürlich muss man sich das Reisen nicht erst groß in Erinnerung rufen. Ist es doch das Erste, was den meisten von uns einfällt, wenn wir darüber sinnieren, was wir mit einem Lottogewinn machen oder wie wir den Ruhestand verbringen würden. Daran sieht man schon, was einen Großteil des Reisens ausmacht: die Fantasie all jener, die noch zu Hause sind, die Vorfreude, die Neugier auf das, was jenseits der gewohnten Wege warten mag. Seit das Fliegen billig, die Autos schnell und die Hotels einfach im Internet zu buchen sind, ist die Wochenendreise zu einer beliebten Übung geworden. Drei Tage in einer anderen Stadt, zweimal Übernachten, einmal schön essen und mit ein paar Einkaufstüten und einer kleinen Klimaanlagen-Erkältung am Sonntagabend wieder zurück. Keine Frage, es ist eine willkommene Luftveränderung, wenn die vier Wände immer enger werden und mehr als zweieinhalb freie Tage nicht drin sind. Mit Rücksicht auf die Umwelt und die Kreditkarte sollte man derlei Spritztouren um die Welt allerdings sparsam dosieren. Zudem besteht die Gefahr der Ernüchterung – Berufsreisende können ein Lied davon singen.

Das richtige Reisen, also das, was man damit noch vor hundert Jahren verbunden hat, ist leider ein wenig aus der Mode gekommen. Höchste Zeit, ein Wochenende dafür aufzuwenden: sei es, um eine richtige Reise zu planen, oder auch nur mit einem Buch in der Hand andere auf ihren Reisen zu begleiten. Reise- und Abenteuerliteratur ist ein völlig zu Unrecht angestaubtes Genre und wird am besten in Badewannen konsumiert! Soll es aber mehr als eine Fantasiereise sein, gehört das Planen zu jenen vibrierenden Freuden, die man sich nur bedingt vom Reisebüro oder gar einem All-Inclusive-Paket abnehmen lassen sollte. Sehen Sie, derlei ist Urlaub. Bei einer *Reise* aber ist man in Bewegung, da zählen schon der Weg und das Vorwärtskommen. Da weiß man am Anfang nicht mit Sicherheit, wann und wo man wieder umdrehen und sich auf den weiten Weg nach Hause machen wird. Reisen ist anstrengender, aber es bedeutet auch, dass man selbst die Zügel in der Hand hat. Niemals sonst bekommt man Einblicke, die ehrlicher sind als nur die Aussicht vom Handtuch aufs Meer.

Vor der Reise

* Räumen Sie auf. Es mag lästig sein, wenn so viel anderes zu tun ist, aber die Ankunft ist unvergleichlich viel schöner.

* Kaufen Sie sich schönes Gepäck. Es soll gut verarbeitet sein und sich angenehm tragen lassen. Außerdem will man ein tolles Hotelzimmer nicht gleich mit dem billigen, lilafarbenen Plastik-Rollkoffer verschandeln.

* Beugen Sie einem Jetlag vor. Gleichen Sie schon im Vorfeld Ihre Schlafzeiten dem Reiseziel an. Im eigenen Bett fällt das meistens leichter als im fremden.

* Eine alte, aber richtige Regel: Wenn Sie allein reisen, reisen Sie mit Stil! Ein Stern mehr, eine Klasse besser und Champagner statt Weißwein.

* Packen Sie einen Kaschmirschal ein. Er wird Sie vor Zugluft, Sonne, Gestank und Mücken bewahren, dabei immer gut aussehen lassen und in schwachen Momenten auch wohlig an zu Hause erinnern.

* Wenn Sie einen Baedeker benutzen, dann einen aus dem Antiquariat. Dieser sieht nicht nur besser aus und ist eleganter geschrieben, er enthält auch alles, was man über die klassischen Sehenswürdigkeiten wissen muss. Alle anderen Informationen über den Alltag in der Fremde erfahren Sie besser vor Ort und auf eigene Faust.

* Egal, wohin die Reise geht, ein kleines Bündel Dollarscheine ist auf der ganzen Welt eine gute Notkasse und wird überall als Trinkgeld akzeptiert.

* Versprechen Sie den Daheimgebliebenen weder Anrufe noch Ansichtskarten noch Mitbringsel. Wenn sich derlei nicht von selbst ergibt, haben Sie nicht die halbe Reise über Beschaffungsstress.

Die Anleitung
Die Topfpflanzen reiseklar machen

Gießen Sie Ihre Topfpflanze ein letztes Mal. Wählen Sie nun je nach Topfgröße und Reisedauer eine kleine oder große Plastikflasche und füllen Sie diese mit Wasser. Dann die Flasche mit Schwung und kopfüber in die Topferde stecken, tief genug, dass sie nicht umfällt. Während Sie auf Reisen gehen, kann sich die Pflanze langsam aus diesem Wasserspeicher versorgen. Geeignet für eine Wochenendreise oder bis der Blumensitter kommt.

So steht's geschrieben

»Aber der Zauber, unterwegs zu sein, das Geheimnis der Namen, die sich erst mit Inhalt und Leben füllen, das Wirklichkeit-Werden eines Traums, das Entzücken an der Entdeckung! Das eine Stadt, deren Name man auf der Landkarte gelesen hat, heute wirklich existiert und mit Kirchen und Toren aus dem Abendnebel steigt, dass man tagelang durch heißes Binnenland fuhr und dann die windbestrichene Küste erreicht und das Meer in seiner Heiterkeit und schaumgekrönten Bläue!«

Annemarie Schwarzenbach, *Ankunft in Mallorca*, 1936

Einrichten!

Aber wenn man in eine neue Wohnung zieht, muß man
die Sachen doch erst ein bißchen hin und her stellen,
bis sie eine Stätte gefunden haben. Wohnen ist gar nicht
so leicht.

Franz Hessel

Vom Innenleben

Es ist bisweilen erstaunlich, zu sehen, wie andere Menschen
wohnen. Nicht wenige geben sich dem Reiz von Doku-Soaps
im Privatfernsehen hin, einen Blick in anderer Leute vier
Wände zu werfen und dann über Batik-Tischdecken und die
obligatorischen Fliesentische im Wohnzimmer zu lästern. Das
ist natürlich nicht fair, denn die wenigsten Lästermäulchen
wohnen so, dass die eigene Inneneinrichtung für eine Home-
story einer Architekturzeitschrift tauglich wäre. Das Problem
ist meist, dass beim Einrichten irgendwann der Elan nach-
lässt, das Geld ausgeht oder man Dinge bis ins Unendliche aufschiebt. Wer kennt das nicht: Nach dem Umzug in ein neues
Haus oder eine neue Wohnung ist man noch einige Tage lang
voller Kraft und guten Willens, die Dinge schön zu machen.
Man kauft Farbe, Tapeten und einen schicken Couchtisch –
und nimmt sich fest vor, die passende Couch umgehend folgen zu lassen. Drei Jahre später sitzt man immer noch auf der
alten, braunen Breitkord-Fregatte und die Tapetenrollen ver-
stauben auf dem Schrank. Selbst ambitionierte Interieurlieb-
haber entwickeln den einen oder anderen blinden Fleck, man
kann schließlich nicht unentwegt über jede Ecke in seiner

Wohnung nachdenken. Und diese blinden Flecken halten sich hartnäckig. Schließen Sie die Augen und spielen Sie in Gedanken durch, wie ein missgünstiges Fernsehteam bei Ihnen anklopft, auf der Suche nach zuschauertauglichem Lästermaterial. Sehen Sie Stellen vor sich, die Sie nur über Ihre Leiche der Kameralinse überlassen würden? Dann machen Sie jetzt die Augen wieder auf und widmen sich mindestens einer davon! Lokalisieren Sie die Schwachstellen und überlegen Sie, wie Sie Abhilfe schaffen können. Dafür brauchen Sie unbedingt Inspiration: Ikea-Katalog, Hochglanz-Wohnmagazine und die vielen guten Einrichtungsblogs im Netz sollten an diesem Wochenende Ihre Begleiter sein. Legen Sie ein Budget fest und geben Sie es mit Freuden aus. Dabei muss nicht alles aus der Hand italienischer Designer kommen, im Gegenteil: Wenige besondere Einzelstücke haben einen größeren Effekt als Räume, die vor irrer Formgebung strotzen. Bevor Sie aber etwas kaufen, schieben Sie die vorhandenen Möbel nach Lust und Laune herum oder noch besser: Räumen Sie einfach mal das Zimmer ganz leer und legen sich auf den Boden. Diese Übung mündet nicht selten in der Gewissheit, dass man sich eigentlich mehr Luft und Freiraum schaffen möchte. Der schmückt jede Wohnung und kostet nichts – nur Überwindung und eine gewisse Findigkeit beim Umräumen, Verstauen und Wegwerfen.

Die Anleitung
Einen Coffee Table aus Holzpaletten bauen

Hoch lebe die Palette! Was sich mit ihr alles machen lässt: Tische, Betten, Sofas, Regale. Stabil und sauber sollte sie sein und im besten Fall nur hitze-, nicht chemisch behandelt. Damit

Ihre Magazine und Coffee Table Books zur Geltung kommen, bauen Sie sich den passenden Tisch dafür. Teststapeln Sie, je nach gewünschter Höhe, mehrere Paletten aufeinander. Schleifen Sie die Paletten ab und lackieren Sie sie passend zum Rest Ihrer Einrichtung. Sobald der Lack getrocknet ist, stapeln Sie die Paletten erneut und verbinden Sie mit Schrauben. Wenn Sie wollen, befestigen Sie Rollen an den vier unteren Ecken.

Die Übung
Fünf Schritte zur neuen Einrichtung

1. Guter Geschmack kann trainiert werden! Gehen Sie ins Designmuseum und entdecken Sie die Epoche, die Ihnen am besten gefällt. Forschen Sie nach Architekten und Designern von heute und ihrem Angebot.
2. Kaufen Sie sich einen Stapel Wohnzeitschriften und schneiden Sie Bilder, Anzeigen und Häuser aus, die Ihnen gefallen. Daraus machen Sie ein ›Mood Board‹, eine ganz individuelle Landkarte Ihres Geschmacks. Ergänzen Sie es, wann immer Sie Neues entdecken.

3. Kennen Sie ein Hotel, ein Café oder eine Wohnung, deren Einrichtung Ihnen ein Wohlgefühl beschert? Dann studieren Sie dort, mit welchen Mitteln gearbeitet wurde und was die besondere Stimmung ausmacht. Eine Tapete vielleicht oder ein besonderer Bodenbelag?

4. Bestimmen Sie die Möbel, die Sie unbedingt behalten möchten, und kombinieren Sie sie anschließend neu. Nicht verzweifeln, es dauert seine Zeit, bis man weiß, was zusammenpasst. Mixen Sie Altes mit Modernem, ein schlichtes Ikea-Teil mit einem auffälligen Designerstück, Patina mit Hochglanz.

5. Prinzipiell gilt: Weiße Wände sind im Zweifelsfall die beste Basis für etwas Neues. Dafür können kleinere Objekte und Accessoires ruhig kräftige Farben haben.

So steht's geschrieben

»Welchem Geschmack folge ich? Die idealste Wohnung bleibt immer die, deren Einrichtung persönlichen Geschmack des Bewohners verrät, und weder genau einem herrschenden Modestil nachgebildet ist noch den alles nivellierenden Händen des Tapeziers ihre Entstehung verdankt. Das, was man als bequem und nützlich ausprobiert hat, sollte man nicht aus Rücksicht auf eine neue Strömung opfern. Man muß die Leute bedauern, die plötzlich bei erworbenem Reichtum ihre altmodischen Möbel über Bord werfen und sich und ihren Haushalt in neue, fremd anmutende Gewänder hineinzwängen.«

Wolf Graf und Eva Gräfin Baudissin, *Spemanns goldenes Buch der Sitte*, 1901

Heimat!

Aber es war ein schöner Gedanke, dass es einen Ort
gab, an den er zurückkehren konnte; an diesen Ort, der
ganz ihm gehörte.

Kenneth Grahame, *Der Wind in den Weiden*, 1908

Vom Heimkehren

Heimat ist eigentlich eine recht unkomplizierte Sache. Jeder
hat eine und kann sich nach Belieben entweder mit ihr iden-
tifizieren oder ihr schnellstmöglich den Rücken kehren. Viele
wählen in ihrem Leben einen Weg, der sie erst weit von ihrer
Heimat wegträgt, der sie ihr dann aber mit zunehmendem
Alter wieder annähert. Denn irgendetwas hat die Gegend
unserer Kindheit, das uns ein schwer zu erklärendes, aber
grundgutes Gefühl gibt. Etwas, nach dem wir uns um so mehr
sehnen, je komplizierter die restliche Welt erscheint. Nicht
selten beginnt man über Heimat intensiver nachzudenken,
wenn man eigene Kinder bekommt, schließlich ist man im
Begriff, seinem Nachwuchs eine Heimat zu geben. Ist es die
richtige? Sollen unsere Kinder mit demselben Ort verwurzelt
sein wie wir? Der Gedanke ist verlockend, aber nicht ganz richtig. Denn Heimat ist etwas, das überall funktioniert, es gibt
kein Richtig und Falsch. Und was genau jeder Einzelne von
uns damit verbindet, das wollen wir an diesem Wochenende
erforschen. Dazu eignet sich für uns entwurzelte Neuzeit-
Nomaden ein kontemplativer Nachmittag. Woher komme ich?
Was bedeutet meine Heimat für mich? Was habe ich von dort

mitgebracht? Welche Wörter, welche Liedzeilen, welche Gerichte?

Wer es nicht zu weit hat, kann den Sonntag auch für einen etwas anderen Heimatbesuch reservieren, ohne Kaffeeklatsch bei den Eltern. Schauen Sie sich inkognito die neuralgischen Punkte Ihrer alten Heimat an – den alten Schulweg, die Spielplätze und geheimen Trampelpfade, sind sie noch da? Gibt es die Geschäfte noch und die Gesichter hinter den Theken, die Namen auf den Klingelschildern? Schauen Sie vorbei, setzen Sie sich ein paar Minuten auf eine Bank und lassen alles einwirken. Es ist ein ziehendes, halb schönes, fast wehmütiges Gefühl, nicht wahr? Wenn es zu viel wird mit der Nostalgie, dann wieder ab nach Hause und zurück in Ihre Gegenwart, die Sie aus gutem Grund so ausgesucht haben, wie sie ist. Am Abend dann noch einen jener köstlich verpönten Harmlosfilme aus den 1950er-Jahren gucken, die in uns das Wunder vollbringen, den Wolfgangsee als Heimat zu empfinden, obwohl man noch gar nie dort war. Und dann verstehen wir: Heimat ist kein Ort, Heimat ist ein Gefühl!

Die Anleitung
Ein Stück Heimat für die Wand

Heimat verbindet man unweigerlich mit Essen, das es nur zu Hause gab. Fragen Sie bei Ihrer Mutter oder Großmutter nach original alten, handgeschriebenen Rezepten. Je mehr Patina das Papier hat, umso interessanter. Versehen Sie die Rezepte mit einem Passepartout und einem schwarzen Rahmen. In einer Reihe nebeneinandergehängt, sehen die Rezepte besonders schön aus und verleihen Ihrer Küche ein Gefühl von *Home! Sweet home!*

So steht's geschrieben

»Seit das Heidi wieder daheim beim Großvater war, kam ihm hier und da etwas in den Sinn, woran es vorher nicht gedacht hatte. So machte es jetzt alle Morgen mit großer Anstrengung sein Bett zurecht und strich so lange daran herum, bis es ganz glatt aussah. Dann lief es in der Hütte hin und her, stellte jeden Stuhl an seinen Ort, und was etwa da und dort herumlag oder -hing, das kramte es alles in einen Schrank hinein. Dann holte es einen Lappen herbei, kletterte auf einen Stuhl hinauf und rieb so lange mit seinem Lappen auf dem Tische herum, bis dieser ganz blank war. Wenn dann der Großvater wieder hereinkam, schaute er wohlgefällig um sich und sagte etwa: ›Bei uns ist's jetzt immer wie Sonntag, das Heidi ist nicht vergebens in der Fremde gewesen.‹«

Johanna Spyri, *Heidis Lehr- und Wanderjahre*, 1880

Nacktbaden!

Nacktkultur ist durchaus nichts Lächerliches. Lächerlich
wird die Sache erst, wenn nackte Menschen auf Möbeln
in Salons sitzen und da Tee trinken und ästhetische
Gespräche führen.

Grete Meisel-Hess

Vom Splitterfasernacktsein

Nacktbaden war bis ins 18. Jahrhundert kein großes Thema, vielmehr gängige Praxis, wenn es darum ging, zum Zwe-
cke der Reinigung oder Erbauung im Adamskostüm in Seen
und Flüsse zu steigen. Dann setzte die Tabuisierung der
öffentlichen Nacktheit ein und die natürliche Prozedur galt
als höchst anzüglich. Das ist abgeschwächt bis heute so –
wer sich außerhalb von FKK-Geländen entblößt, wird mindestens schräg angeschaut, wenn nicht gar zur Ordnung
gerufen. Schade, denn es gibt kaum ein köstlicheres Sommer-
gefühl, als nackt in den See zu springen. Man ist in dem
Moment mit sich und der Natur zutiefst im Reinen. Diesem
Gefühl hat sich die Naturisten-Bewegung seit gut hundert
Jahren verschrieben. Ausgangspunkt war damals die vegetari-
sche Kooperative auf dem sogenannten »Monte Verità« bei
Ascona in der Schweiz. Revolutionäre, Vegetarier, Maler, Lite-
raten, Naturmenschen und Freiluftkuranhänger kamen ins
Tessin und badeten in Licht, Luft und Wasser – natürlich un-
bekleidet. Nacktbade-Vereine in ganz Europa folgten dieser
Idee, die nach dem Krieg in der FKK-Bewegung aufging, mit
eigenen Strandabschnitten und Campingplätzen. Heute aller-

dings kämpfen diese wackeren Nudisten mit Nachwuchsproblemen: Das organisierte Nacktsein ist für die Jugend offenbar nicht mehr so interessant. Das ist auch nicht schlimm, schließlich muss man nicht in der Gruppe blankziehen. Es reicht schon, wenn man sich gelegentlich daran erinnert, wie schön es sein kann, auf diese Weise Wind, Sonne und Wasser zu genießen. Ob man in einer lauen Sommernacht als Krönung einer Party zum See fährt oder eine Wanderung mit einem spontanen Bad im Bergbach unterbricht, das sind die wahren Nacktbademomente – zumindest, wenn man kein Royal ist. Wer sich mit dem Nacktsein schwertut, findet vielleicht in der Sauna Gefallen daran. Die Umkleidekabinen, die textilfreie Selbstverständlichkeit oder auch die reinen Damentage machen das Ausziehen ein bisschen einfacher. Das herrliche Kribbeln beim hüllenlosen Eintauchen ins Wasser ist dasselbe – selbst wenn es vielleicht nur das Abkühlbecken ist.

Die Anleitung
Einen Saunabuschen binden

In Finnland kann man den Saunabuschen, genannt Vihta, tiefgefroren im Supermarkt kaufen. Nicht-Finnen können ihn selber machen und für Begeisterung in der städtischen Saunalandschaft sorgen.

Und so geht's:
1. Suchen Sie auf Ihrem Wochenendspaziergang eine mittelgroße Birke (in Finnland werden bevorzugt Raudusbirken verwendet) mit dichtbelaubten, geschmeidigen und blütenlosen Zweigen. Beste Erntezeit ist Juni bis Juli.

2. Schneiden Sie ca. 60 cm lange Zweige ab, so viele, wie Sie in einer Hand halten können, und binden Sie sie zu einem Buschen zusammen.

3. Wenn Sie die Vihta für eine spätere Verwendung aufheben wollen, dann hängen Sie sie zum Trocknen an einem schattigen, luftigen Ort auf und weichen Sie sie vor dem Verwenden in warmem Wasser ein.

Arbeiten Sie sich in einer mäßig temperierten Sauna (70°-80°) mit langsamen Schlägen von den Beinen über Hände, Arme und Rücken nach oben, Bauch und Brust kommen zuletzt dran.

Der Effekt: Die Birkenblätter riechen nicht nur gut, die freigesetzten ätherischen Öle reinigen auch den Körper, regen den Kreislauf und die Blutzirkulation an, erleichtern die Atmung und lindern Muskelverspannungen.

So steht's geschrieben

»Nun begann Frau von Buttlär mit ihrer Mutter ein Gespräch über Repenow, ihr Gut, über Dinge, die sie anzuordnen vergessen hatte, von Gemüsen, die eingemacht werden sollten, und Dienstboten, die unzuverlässig waren; lauter Sachen, die seltsam fremd und unpassend in das Rauschen des Meeres hineinklangen, dachte Lolo. Aber unten am Tisch war ein Streit entstanden zwischen Wedig und Ernestine. ›Ernestine‹, sagte Fräulein Bock streng, ›wie oft habe ich es dir nicht gesagt, du darfst beim Servieren nicht sprechen. Oh! *Cet enfant!*‹, setzte sie hinzu und seufzte. Die Generalin lachte. ›Ja, unsere Bork hat es mit Ernestines Erziehung schwer, denkt euch, heute Mittag entschließt sich das Mädchen zu baden. Sie geht ins Meer nackt wie ein Finger, am hellen Mittag.‹«

Eduard von Keyserling, Wellen, 1911

Sommer

Erdbeeren!

Ach, das ist herrlich, könnte ich doch auch dort sein!
So große Erdbeeren sah ich noch nie!

Heinrich Seidel

Von Erdbeerstellen

In Schweden ist sie unverzichtbarer Teil des guten Menschen-
lebens: die persönliche »Smultronstället«, die geheime Stelle,
an der man Walderdbeeren findet, die klein, süß, köstlich sind
und so zahlreich, dass man sie auf Grashalme auffädeln kann.
Die Schweden verbinden damit so viel Lebensfreude, dass sie
das Wort ›Smultronstället‹ in den alltäglichen Sprachgebrauch
übernommen haben und damit ganz allumfassend einen
Lieblingsplatz bezeichnen, an dem man sich wohlfühlt und
den man nicht jedem verrät.

Nun, weniger geheim und deutlich weniger romantisch sind
bei uns die Erdbeerfelder, die ab Juni gleich hinter'm Orts-
schild auf uns warten. Hier muss man nicht lange suchen und
meistens ist man auch nicht allein mit den Erdbeeren. Aber in
den süßen Früchten versinken und sich der puren Erdbeerlust
hingeben, das kann man da auch. Es gibt ja kein besseres Versprechen auf den Sommer als ein Korb voller großer, duften-
der Erdbeeren. *Strawberry Fields Forever* …

Schon das Pflücken ist eine sinnliche und ungewohnte Übung
für Stadtmenschen, für die man sich Zeit lassen sollte. Zeit,
die schönsten Erdbeeren zu finden, jede zehnte nicht in den
Korb, sondern in den Mund zu schieben, die Augen zu schlie-

ßen und einfach zu spüren, wie sich das anfühlt. Später kann man dann auch unbesorgt dem größten Misanthropen über den Weg laufen – der Anblick eines Korbes voller Erdbeeren macht jeden für eine kurze Weile glücklich. Und dieses Glück lassen wir uns durch nichts trüben: Gegen Erdbeerflecken auf weißen Sommerkleidern hilft Zitronensaft und etwas Spülmittel! Wenn wir dann Bauchweh haben vor lauter Frühsommerglück und Naschen und die ersten Fruchtfliegen schon den Weg in die Küche gefunden haben, müssen wir uns überlegen, wie es weitergeht mit all den Erdbeeren. Das ist ein schönes Problem, denn es gibt ausschließlich tolle Erdbeer-Endprodukte: Kuchen, Marmelade, Eis. Die Einmach-Arbeit eines Samstagnachmittags konserviert uns den Sommer bis

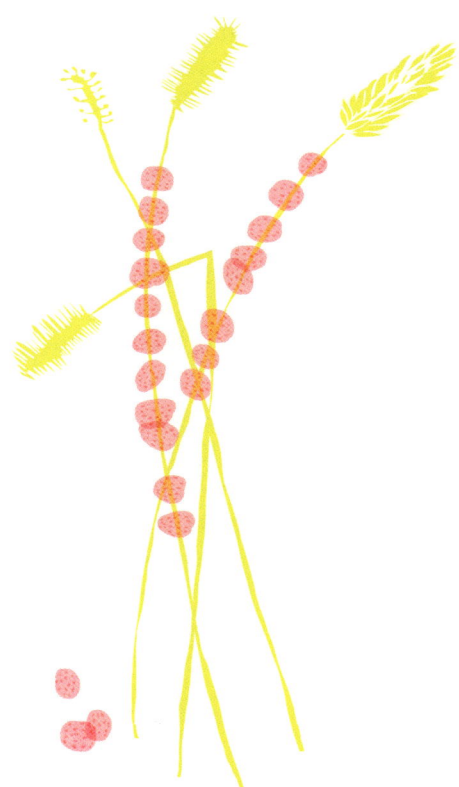

weit in den Winter. Wenn trotzdem noch etwas übrig ist, werden wir uns einen hervorragenden Erdbeerlimes selber machen. Der klingt zwar nach 1980er-Jahre-Disko, schmeckt aber eindeutig nach Sommer …

Mieze Schindler – oder:
Liebe schmeckt am besten

Ob der sächsische Erdbeerzüchter Prof. Otto Schindler, erster Direktor der Pillnitzer Lehranstalt für Pflanzenzüchtung, wusste, als er im Jahr 1925 die beiden Erdbeersorten ›Lucida Perfecta‹ und ›Johannes Müller‹ kreuzte, dass er die bis heute beste Erdbeere der Welt züchten würde? Wir nehmen es an, denn er benannte die neue Züchtung nach seiner Frau: Mieze Schindler. Empfindlich und krankheitsanfällig, ja, aber eben auch klein und köstlich. Welche dieser Eigenschaften bei der Namensgebung ausschlaggebend war, wer kann das schon sagen? Eine Beere mit dem Aroma der seltenen Walderdbeere und dem Aussehen einer Himbeer-Erdbeere – und dabei eine Diva im Topf. Ihr Geheimnis: der Ester Methylanthranilat, der für das Walderdbeerenaroma sorgt (bei modernen Sorten wurde das Aroma zugunsten von Größe und Perfektion weggezüchtet).

Von der innerdeutschen Trennung blieben auch die Erdbeeren nicht verschont. Während Mieze Schindler im Osten weiterhin beliebt war, wurde sie im Westen für lange Zeit vergessen und eine andere Sorte zum Liebling: Senga Sengana. Die hatte alles, was Mieze Schindler nicht hatte: große, pralle Früchte, hohe Erträge und gute Lagerfähigkeit. Denn die kleinen und weichen Früchte der Mieze Schindler wird man nicht in Geschäften finden. Aufgrund ihrer Zartheit eignen sie sich nur für den direkten Weg vom Beet in den Mund.

Die Übung
Mieze Schindler retten

Mieze Schindler liebt volle Sonne. Blütezeit: April bis Mai. Da das zarte Geschöpf nur weibliche Blüten hat, müssen Sie für Bestäuberpflanzen sorgen, hervorragend eignet sich hierfür Senga Sengana. Pflanzen Sie im Verhältnis etwa vier Miezes zu einer Senga. Erntezeit der weltbesten Erdbeere: Juni bis Juli. Und falls die Ernte nicht so üppig ausfällt, tröstet ein Satz von Max Ernst: »Eine einzige wilde Erdbeere ist mir tausendmal lieber als alle Lorbeeren der Welt.«

Die Aufgabe

Benennen Sie etwas nach Ihrem liebsten Menschen.

Das Rezept
Erdbeerlimes

Die Zutaten:
600 g Erdbeeren
100 g Puderzucker
Saft einer halben Zitrone
300 ml Wodka (der mit dem Grashalm drin)

Und so geht's:
Erdbeeren und Puderzucker mit dem Pürierstab aufmixen, Wodka dazu, mit Zitronensaft abschmecken. Mit Eiswürfel servieren oder vor dem Trinken noch mal in den Kühlschrank stellen.

Zelten!

Vereinfache dein Leben. Henry David Thoreau

Vom Umzug auf Zeit

Früher funktionierte Zelten so: Alles sollte sein wie zu Hause, nur einfacher. Zum Essen gab es jeden Tag eine Dose, besonders beliebt waren Gulaschsuppe, Ravioli und Pichelsteiner. Tagsüber war man am Strand, abends saß man in Klappstühlen und mit Sonnenbrand vor dem Zelt, fuchtelte die Mücken weg und schloss beim Rotwein aus der Korbflasche innige Urlaubsfreundschaften mit den Nachbarn.

Heute geht man nicht mehr zelten, heute macht man Glamping: Glamour Camping. Alles wie zu Hause, nur nicht einfacher. Wenn schon Natur, so der neue Ansatz, dann mit Luxus. Mutterland des neuen Glampings ist Großbritannien, wo man von jeher versucht hat, das Landleben zu veredeln. Nun lassen sich dort Baumhäuser, mongolische Jurten, Tippies und Beduinenzelte mieten, samt Himmelbett, Badewanne und Grammophon, und auf Wunsch mit dreigängigem Dinner. Adieu, Schlafsack und Ravioli! Klingt ja ganz reizend, aber wenn man ehrlich ist, bestand das Abenteuer doch gerade in der Improvisation, im Triumph, die Nacht auf der dünnen Isomatte durchstanden und ihr im sturmgebeutelten Zelt getrotzt zu haben oder später auf dem Esbit-Kocher das Wasser nicht nur zum Kochen, sondern mittels Nescafé auch in eine veritable Tasse Kaffee verwandelt zu haben! Wenn dies in Ihnen mehr Sehnsucht weckt als die Glamping-Mode, dann steckt auch in Ihnen noch ein alter Pfadfinder oder zumindest ein Campingplatzhirsch. Liegt nicht auf dem Speicher oder im Keller noch eine Ausrüstung? Gibt es nicht am nächsten See einen Campingplatz, auf dem man sie und sich mal wieder ausprobieren könnte? Oft wird Zelt und Co. belächelt, dabei ist Campen gerade dann toll, wenn es kein Muss ist und man sich bewusst gegen das olle Hotel und für den Zeltplatz entscheidet. Wo sonst kann man sein Haus beliebig verpflanzen und zehn Quadratmeter Land einfach so zum eigenen Gebiet erklären? Wen die Lust aufs Zelten im Winter überrascht oder wer sich einfach nicht mit der Aussicht auf so genannte Sanitärgebäude anfreunden kann, dem könnte eine Alternative gefallen: Stellen Sie das Zelt im eigenen Garten, auf dem Balkon oder im Wohnzimmer auf! Sie werden verblüfft sein, wie sehr sich auch dann das ureigene heimelige Urlaubsgefühl einstellt! Wichtig ist einzig und allein der Perspektivwechsel: Die Welt sieht nun einmal anders aus, wenn man sie durch die kleine Lücke im Zelteingang betrachtet …

Die Anleitung
Ein Küchenzelt bauen (dient auch als Notunterkunft)

Macht sich gut auf jeder Gartenparty und ist nützlich beim Zeltlager. Als Material ist robustes Leinen geeignet (solange die Witterung trocken ist) oder eine große Baumarktplane.

Und so geht's:
1. Suchen Sie zwei Bäume, zwischen denen das Zelt aufgebaut werden soll, zur Not gehen auch zwei in den Boden gerammte Pfähle.
2. Dazwischen ein Seil spannen, auf Kopfhöhe fest mit den Stämmen verknoten.

3. Den Zeltstoff darüberlegen – so dass er auf einer Seite den Boden berührt, das ist die Rückwand.
4. Den Stoff hier an den unteren Ecken mit dicken Stöcken oder Heringen im Boden fixieren.
5. Auf der anderen Seite soll das Stoffdach nur so weit reichen, dass man darunter hineingehen kann – zum Boden hin wird es mit Schnüren abgespannt, dafür sind Ösen im Stoff sehr nützlich.

Möbliert mit ein paar Baumstämmen zum Sitzen, dient das luftige Küchenzelt als Aufenthaltsraum und Treffpunkt zum Kochen, Essen und, wenn es ganz schlimm kommt, zum Singen! Achtung: Wenn das Zelt zur Windseite hin geöffnet ist, arbeitet es wie ein Windsack und hebt ab.

So steht's geschrieben

»Zu dem kleinen Floß gehörte auch ein altes Segel, welches sie an einem heimlichen Plätzchen im Gebüsch als Zelt ausspannten, um die Vorräte darunter zu bergen. Sie selbst aber wollten unter freiem Himmel schlafen, in Wind und Wetter, wie es solchen Ausgestoßenen der Menschheit zukam. (…) Herrlich, unbeschreiblich schön war das wilde, freie Leben im jungfräulichen Walde einer unbekannten, unbewohnten Insel, weitab vom Getriebe der Menschen, und sie schwuren sich, nimmermehr zurückzukehren in die Fesseln der Zivilisation.«

Mark Twain, *Tom Sawyers Abenteuer und Streiche,* 1876

Meer!

Somewhere beyond the sea
somewhere waiting for me
my lover stands on golden sands
and watches the ships that go sailin'.

Jack Lawrence

Vom Leben am Meer

Am Meer ist man immer irgendwie zum ersten Mal. Der Anblick verliert nie seine Kraft und man ertappt sich jedes Mal
von Neuem dabei, am Strand zu stehen und den Horizont zu
suchen. Wie kein anderer Lebensraum erteilt uns das Meer
seine Befehle und wir folgen ihnen gerne: Schuhe aus, Uhr aus,
Alltag aus. Wo es anfängt, hört unser Festlandleben auf. Und
welch Luxus für die Augen: so viel unbebaute Fläche, so unge-
störte, endlose Weite. Da drüben liegt Amerika! Es ist befreiend,
am Meer zu sein, es lockert auf, egal ob es um die Kleidung
geht, die wir tragen, oder um die Dinge, die wir am Strand machen – Burgen bauen, Frisbee werfen, mit den Zehen Löcher
bohren, das würde man im Stadtpark nie so selbstverständlich tun. Am Meer dürfen wir all das, es macht uns fast wieder
zu Kindern. Vielleicht, weil wir das Gefühl haben, es schaut ja
keiner, da ist ja nur das weite Meer. Deswegen müssen wir es
mindestens einmal im Jahr sehen. Die Ostsee erfüllt dabei
genauso ihren Zweck wie die Südsee. Hier wie dort erfahren
wir jene postmoderne Erleichterung, in die uns das ewige
Wiederholen der Wellen versetzt, und spüren die meditative

Gelassenheit, die in ihm wohnt. Aber es wäre langweilig, wenn es nur um das Wellenrauschen ginge. Wir wollen Strandspaziergänge machen, auf denen wir Muscheln, Steine und anderes Treibgut auflesen, wir wollen uns den Sand in jeder Kleiderfalte mit nach Hause nehmen, wo er dann irgendwann als letztes Souvenir auf den Fußboden rieselt. Wir wollen uns gegen den Wind stemmen und die Fischer beobachten, wir wollen nach Sonnencreme riechen und den kleinen Hafen suchen, in dem es Fischsuppe gibt und wir dem endlosen Klimpern der Segelboot-Masten lauschen können. Vielleicht nimmt uns eines mit? Auf dem Meer sein, das ist immer ein Abenteuer und man muss denen winken, die am Ufer stehen. Abends werden wir gut schlafen. Es ist übrigens gar nicht so wichtig, dass man ein Haus oder Hotel mit Meerblick hat. Wichtiger ist, dass wir das Meeresrauschen hören, wenn wir aufwachen. Dann ist klar: Die Wellen machen weiter, das Meer macht weiter, der Horizont macht weiter. Dann können auch wir weiterschlafen.

Die Übung
Nichtstun

Zeit zu haben, Nichtstun, das ist der wahre Luxus des Meeres!

Die Anleitung
Wie baut man die perfekte Sandburg?

Eine Sandburg bauen kann jeder! Wer es aber wissenschaftlicher angehen will, für den haben Forscher des Max-Planck-Instituts einige Ratschläge:

* Das richtige Verhältnis von Wasser und Sand ist entscheidend. Durch das Wasser, das den Sand umgibt, bilden sich die so genannten Kapillarbrücken. Es entsteht eine Oberflächenspannung, die Ihre Sandburg zusammenhält. Je nach Art des Sandes bauen Sie mit 5-10% Wasser am besten.

* Gut festklopfen! Je mehr Kontakt ein Sandkorn zu anderen Körnern hat, umso stabiler wird das Gebilde.

* Wasser und Sand sollten nicht zu sauber sein. Ein bisschen Schmutz sorgt für zusätzlichen Halt. Meereswasser hinterlässt beim Verdunsten Rückstände, das verklebt besonders gut. Da ist es ausnahmsweise ein Vorteil, wenn die Algen in voller Blüte stehen.
Die Frage, warum das Burgenbauen im heimischen Sandkasten nicht so recht klappen will, ist hiermit auch geklärt.

Das Rezept
Macarons mit meersalzigem Karamell

Ein Trost für die Zeit ohne Salzgeschmack auf den Lippen: die Pariser Spezialität Macarons (angeblich die Lieblingssüßigkeit von Marie Antoinette). Köstlich, aber etwas delikat in der Herstellung. Wichtig sind zwei Dinge: die Masse vor dem Backen antrocknen lassen und die exakte Ofentemperatur einstellen! Manch Pâtissier schwört gar darauf, das Eiweiß vor Verarbeitung einige Stunden bis Tage stehen zu lassen. Wem das zu kompliziert ist oder wem der erste Versuch missglückt, der muss nach Paris und sich in den Geschäften von Ladurée (z. B. 21 Rue Bonaparte) oder Pierre Hermé (72 Rue Bonaparte) mit den kleinen Köstlichkeiten eindecken.

Die Zutaten:
250 g feiner Zucker
120 ml süße Sahne
200 g salzige Butter
150 g feingemahlene Mandeln
150 g Puderzucker
2 Eiweiß

5 Tropfen braune Lebensmittelfarbe
60 ml Wasser
150 g Zucker
Eischnee aus 2 Eiweiß

Und so geht's:

Für das salzige Karamell

* Feinen Zucker zusammen mit etwas Wasser goldbraun karamellisieren lassen, ganz vorsichtig die süße Sahne hinzufügen. Achtung: Spritzgefahr!
* Topf vom Herd nehmen und die Butter in kleinen Stückchen einrühren.
* Die Masse dann für mindestens 1 ½ Stunden in den Kühlschrank stellen, damit sie andickt.

Für die Macarons

* Mandeln und Puderzucker sieben und mischen. Die zwei Eiweiß und Lebensmittelfarbe hinzufügen.
* Aus Wasser und Zucker einen Sirup kochen. Falls ein Thermometer zur Hand ist: 115°C sind perfekt!
* Den Sirup in den Eischnee einfließen lassen, währenddessen weiterschlagen, bis die Masse abgekühlt ist.

* Erst ein Drittel des Eischnees unter die Mandelmasse heben, dann den Rest.
* Mit einem Spritzbeutel kleine Teigtupfer auf ein Backblech spritzen, etwa 3 cm im Durchmesser. 30 Minuten bei Zimmertemperatur trocknen lassen, dann bei 150° im vorgeheizten Ofen etwa 13 Minuten backen.
* Immer zwei Macaronhälften mit etwas Karamell zusammenkleben. 12 bis 24 Stunden im Kühlschrank durchziehen lassen. Ergibt etwa 50 Stück.

So steht's geschrieben

»Schon nach wenigen Tagen hatten sie sich vollständig in das dolce far niente eingelebt, aus dem so recht eigentlich das Ferienleben besteht und das man nur mit großer Anstrengung gegen die Eingriffe guter Menschen zu schützen vermag; sie mußten alles, was sie an diplomatischen Kräften besaßen, aufbieten, um den vielen langweiligen Abendgesellschaften, großen Segelpartien, Sommerbällen und Dilettantenvorstellungen zu entgehen, die ununterbrochen ihren Frieden bedrohten.«

Jens Peter Jacobsen, *Niels Lyhne*, 1880

Kinder!

Nur wer erwachsen wird und ein Kind bleibt, ist ein
Mensch.
Erich Kästner

Vom Kleinsein

An alle lesenden Eltern – dieses Kapitel ist für Sie besonders
interessant. Wir wollen an diesem Wochenende die Welt, die
man so lange schon als nüchterner Erwachsener durchwan-
dert, durch eine kleinere Brille betrachten und dem kind-
lichen Gemüt die Führung überlassen. Diesen Zauber kennt
in kleiner Dosis jeder, der nach einem Tag im Büro zu seinen
Kindern zurückkehrt, und noch intensiver jeder, der nur hin
und wieder Umgang mit Kindern hat. Ob die Kinder zwei
Jahre alt sind oder zwölf, ist dabei nicht so wichtig, es ist einfach erfrischend und unterhaltsam, in ihren Kosmos zu tauchen und ihrer ganz anderen Denkweise und eigenen Weis-
heit zu folgen. Anfangs tut man sich damit vielleicht ein wenig
schwer, weil man so viel Ehrlichkeit, Unvorhersehbarkeit und
Originalität nicht mehr gewohnt ist. Weil man vergessen hat,
welche Abenteuer und Rätsel unsere Umwelt bereithält. Und
weil mit dem Älterwerden alles langweiliger und erwartbarer
geworden ist. Ein Samstag mit den Patenkindern im Zoo wirft
mit Sicherheit genug Fragen auf, dass man am Abend noch
stundenlang selbst im Tierbuch nachlesen möchte. Wie war
das noch mal mit den Zugvögeln und den Kängurukindern
und warum frieren Pinguine im eiskalten Wasser nicht? Bei-

nahe hätte man vergessen, wie verrückt unsere Welt ist! Und das sind nur die Fragen, auf die es eine Antwort gibt. Mit vielen anderen könnte man wohl sogar Philosophen und Wissenschaftler über längere Zeit beschäftigen. Kinder stimulieren unser Denken, sie machen uns wieder empfänglich für einfa-

che Freuden und sie erinnern uns an unsere eigene Kindheit und Jugend, in der wir ebenso bedingungslos geliebt, Ängste ausgestanden und auf die Zahnfee gewartet haben. Das Schöne aber ist: Es steckt immer noch irgendwo in uns, dieses Kind, das wir einst waren. Ein Wochenende allerdings, sollte es ans Licht dürfen …

Die Anleitung
Eine Geburtstagstruhe anlegen

Ob für die eigenen Kinder, das Paten- oder ein Freundeskind: Eine Kiste voller Erinnerungen ist ein schönes Geschenk, denn die Zeit vergeht viel zu schnell, und ehe man sichs versieht, sind die niedlichen Babys von heute 18 Jahre alt.

Und so geht's:
Malen Sie auf den Deckel eines großen, stabilen Pappkartons oder einer Holzkiste das Datum des 18. Geburtstags des betreffenden Kindes. Dann befüllen Sie diese Geburtstagskiste mit zeitreisetauglichem Gepäck.

Hier ein paar Ideen: eine Zeitung vom Tag der Geburt des Kindes; eine Flasche guten Wein aus dem Geburtsjahr; Dinge, die bereits aus der Mode kommen, wie etwa eine Glühbirne; eine CD mit aktuellen Lieblingsliedern aller Verwandter; ein aktuelles Foto. Wenn man etwas richtig Gutes tun will: ein Paar cooler aktueller Sneaker, die später als »echt retro« durchgehen. Die Kiste kann im Laufe der Jahre immer weiter bestückt werden – aber: Sie muss ein großes Geheimnis bleiben! Legen Sie einen Brief dazu, in dem Sie Eigenheiten der Zeit festhalten: worüber sich die Menschen in diesem Jahr freuen, was die Nachrichten beherrscht oder wovor die Welt aktuell Angst hat, und was Sie selbst gerade so machen. Wie das Geschenk ankommt? Nun, das erfahren Sie dann in 18 Jahren.

Die Übung

Schauen Sie mal wieder nach, ob sich unter Ihrem Bett ein Monster versteckt.

So steht's geschrieben

»Sie beurteilen die Kinder nicht nach dem, was sie sind, sondern danach, ob sie sich hübsch ruhig verhalten oder Lärm machen. Man findet ja auch sogenannte Musterkinder, die nie dumme Streiche machen, nie einen Gegenstand von seinem Platze fortrücken, aber das sind schwächliche blutleere Wesen, oder gar Idioten – arme bedauernswerte Geschöpfe. Wie viel Gutes und Liebes bleibt ungethan, was diese hilflosen, beinahe seelenlosen Wesen eigentlich thun sollten, und niemals thun. Aber daran denkt niemand.«

John Habberton, *Anderer Leute Kinder*, 1877

Grillen!

»Attacher« heißt über Kohlenfeuer Fleisch, welches
zum Anbraten bestimmt ist, so anbraten lassen, bis der
Saft des Fleisches gänzlich eingedünstet, das Fleisch helle oder dunkelbraune Farbe, jedoch ohne den gerings-
ten Brandgeschmack angenommen hat.

Rottenhöfers Kochbuch, 1866

Vom Anfeuern

Man kann sich fast nicht mehr vorstellen, was die Menschen an
einem Samstagabend im Juni gemacht haben, als es noch keine Grillkultur gab. Heute nähert sich die Begeisterung für die
Freiluft-Küche mit offener Flamme schon ekstatischen Ausma-
ßen – wer in einer Stadt mit Grillzone am Flussufer wohnt,
kennt die Rauchschwaden mit Fleischaroma, die von April bis
September über die Dächer ziehen, nur zu gut. Natürlich macht
es Spaß, zwischen Bierkästen und Beachvolleyball eine halb-
verbrannte Bratwurst mit den Fingern zu essen. Aber mit dem
berühmten Barbecue, wie es zum Beispiel die Amerikaner oder
Neuseeländer fest in ihrer Esskultur verankert haben, hat das
wenig zu tun. Denn ein Barbecue beschränkt sich nicht auf die
immergleichen, in Marinade ertränkten Fleischlappen. Es ist
vielmehr ein Familien- und Gesellschaftsereignis, bei dem man
mit Stil und Raffinesse dem distinguierten Holz-, Feuer- oder
Raucharoma huldigt und die Zubereitung der Gerichte mindestens so aufwändig sein darf wie in der normalen Küche. Besorgen Sie sich eines der einschlägigen amerikanischen Grill-

bücher, da tut sich eine ganz neue Welt auf: exotisches Grill-
gut, verschiedene Garmethoden, Temperaturmessungen und
vollständige Menüs für den Grillrost – sogar vegetarisch! Diese Horizonterweiterung beantworten Neu-Enthusiasten hier-
zulande umgehend mit dem Kauf eines Profigrills, auch der
von Opa gemauerte Grillkamin stößt irgendwann an seine
Grenzen. Es ist ein unterhaltsamer Zeitvertreib, sich mit modernen Geräten, speziell aromatisierten Holzchips und dem
Studium verschiedener Glutarten zu beschäftigen. Es ist aber
gar nicht nötig, so tief einzusteigen, es reicht schon, ein wenig
neue Grillluft zu schnuppern. Denn Grillen, egal ob in simpler
oder fortgeschrittener Form, das ist vor allem die Urfreude
am nützlichen Feuer, erlaubtes Zündeln mit schmackhaftem
Nutzen – und nicht zuletzt ist es ein anderes Wort für Sommer. Lassen Sie also nicht immer die anderen die Grillmeister
spielen! Nehmen Sie beim nächsten Grillfest dem Hausherrn
höflich, aber bestimmt ein bisschen Arbeit ab und zeigen ihm,
dass man nicht mit Bier ablöschen muss und dass ein medium
gebratenes Steak kein Gerücht ist. Zeigen Sie's ihm und räumen Sie auf mit den Stammtischgrillweisheiten!

Das Rezept
Barbecuesauce

Die Zutaten:

240 ml Apfelessig
1 TL Koriandersamen
1 TL gelbe Senfkörner
1 ½ TL Gewürznelken
4 Pimentkörner
1 TL gemahlener Kardamom
1 EL Olivenöl
1 gewürfelte rote Zwiebel

2 gehackte Knoblauchzehen
75 g brauner Zucker
2 EL Honig
2 EL Sojasauce
1 EL geräuchertes Paprikapulver (Pimenton de la Vera)
8 EL Tomatenmark
1 Flasche Dunkelbier

Und so geht's:

* Den Essig mit den Pimentkörnern in einem kleinen Topf zum Kochen bringen und bei geringer Hitze um die Hälfte reduzieren. Durch ein Sieb gießen und abkühlen lassen.
* Die Zwiebeln und den Knoblauch goldbraun anschwitzen, den Zucker dazugeben und karamellisieren lassen, dann den Essig und die restlichen Zutaten hinzugeben.
* Etwa 20 Minuten köcheln lassen, mit dem Pürierstab aufmixen und abkühlen lassen.

Die Übung
Fleißarbeit – den Grillrost reinigen

Etwas Kaffeesatz auf einen Schwamm geben, damit den Grillrost schrubben und abspülen! Alternativ können Sie den Rost auch über Nacht auf die feuchte Wiese legen oder in feuchtes Zeitungspapier wickeln. Am nächsten Tag lassen sich die Verkrustungen leicht mit etwas Spülmittel entfernen.

So steht's geschrieben

»Das aufglimmende Feuer beleuchtete ihre Gesichter und warf seinen roten Schein auf die säulenartigen Baumstämme dieses grünen Waldtempels, auf das schimmernde Laub und die alles umrankenden, wilden Reben. Als die letzte knusperige Speckschnitte verschwunden, die letzte Brotkrume ausgezehrt war, streckten sich die Jungen auf dem Moose aus, erfüllt von köstlichstem Behagen. Wohl hätten sie ein kühleres Plätzchen finden können, aber sie mochten sich das romantische Gefühl nicht versagen, am leise flackernden Lagerfeuer zu rösten.«

Mark Twain, *Tom Sawyers Abenteuer und Streiche*, 1876

Eltern!

Aprilwetter ist manchmal in uns, dagegen ist nichts
zu tun; und man bleibt ein Kind, werde man auch
noch so alt.

Ludwig Tieck

Vom Kontakt der Generationen

Man könnte einwenden, dass ein Eltern-Wochenende überflüssig ist, weil die Eltern im Alltag der meisten Menschen eine
feste Präsenz haben, oft sogar feste Telefonzeiten. Das stimmt,
aber es ist eben meist wenig mehr als eine Aufmerksamkeits-
routine, mit der sich Eltern und Kind gegenseitig beglücken,
eine Art Grundversorgung unter Verwandten ersten Grades,
oft lästig und oberflächlich. Nun kann natürlich jeder mit den
Gefühlen für seine Eltern haushalten, wie er möchte. Dieses
Kapitel gibt allerdings zu bedenken, dass vielen Menschen häu-
fig erst schöne Eltern-Kind-Erlebnisse einfallen, wenn es zu spät
ist. Dann wünschen sich viele, sie hätten sich etwas früher
überlegt, wie sie den alten Herrschaften eine Freude oder einfach etwas mehr Zeit hätten schenken können. Darum soll es
also gehen! Ausflüge, gemeinsames Kochen oder ein Telefonat
außer der Reihe sind ein guter Anfang. Besonders nett aber
sind Aktionen, bei denen Ihre Eltern merken, dass sie nicht
nur noch am Kaffeetisch und zum Geburtstag geduldet werden, sondern weiterhin mit Rat und Tat von ihren längst selb-
ständigen Kindern gebraucht werden. Überlegen Sie, welche
Talente und Wissensquellen bei Ihren Eltern anzuzapfen sind

und binden Sie sie dementsprechend ein: beim Umzug, bei den Vorbereitungen für ein Fest oder bei einfachen Alltagsproblemen, solange Sie sich dabei wohlfühlen. Sie werden sehen, wenn Ihre Eltern tatkräftig mithelfen können, werden sie aufblühen und sich zwanzig Jahre jünger fühlen. Sie müssen sie ja nicht gleich mit in den Urlaub nehmen, aber warum schlagen Sie nicht vor, dass sie so lange Ihre Wohnung hüten? Raus aus dem bequemen Häuschen und rein in die Großstadt oder in eine andere Gegend – vielleicht sehnt sich ja einer von beiden heimlich nach ein bisschen Abwechslung vor dem Küchenfenster oder möchte einfach mal wieder U-Bahn fahren? Anfangs werden sie das nicht zugeben, aber legen Sie den Schlüssel und eine Kurzanleitung für das Leben in Ihrer Straße dazu und warten Sie ab. Oder schenken Sie ihnen ein iPad, das ist wesentlich seniorentauglicher, als es sich zunächst anhört. Schon hat Papa eine neue Herausforderung und findet zudem im Netz alte Klassenkameraden. Wie weit Sie auch immer gehen wollen, das Grundprinzip ist einfach: Fordern Sie Ihre Eltern, nehmen Sie sie ernst! Nur wer geistig fit bleibt und Neuigkeiten bewältigt, lebt lange und glücklich. Überraschen Sie Ihre Eltern in einem Alter, in dem sie von Ihnen keine Überraschungen mehr gewohnt sind!

Die Aufgabe
Aktive Familienarchivierung

Häkeln, Mauern, Pfeifestopfen, Kartoffelsalat machen, eine Nähmaschine bedienen, ein Mofa reparieren … Es gibt bestimmt eine Fähigkeit, für die man seine Eltern insgeheim bewundert, die man aber noch nicht übernommen hat. Genauso gibt es Familiengeschichten, die man nur undeutlich im

Hinterkopf hat oder die noch gar nie richtig erzählt worden sind. Überlegen Sie, was Sie von Ihren Eltern wissen möchten. Machen Sie eine Liste und fragen Sie gelegentlich, wenn die Stimmung passt, mal nach dem einen oder anderen. Das soll kein Verhör sein, aber es geht viel Familienwissen verloren, einfach nur, weil keiner fragt: Wie war das damals? Und was ist eigentlich dein Geheimrezept für Kartoffelsalat? Letzteres am besten fotografisch festhalten, schließlich sind es jahrzehntelang praktizierte Abläufe und alles geht nach Gefühl. Mitschreiben führt also nicht zwingend zum eigenen Erfolg.

Die Übung
Ein fürchterliches Familienfoto machen

Wann haben Sie zuletzt ein richtiges, also gestelltes Familienfoto gemacht? Dafür müssen Sie keine Tribüne aufbauen lassen oder einen Fotografen anheuern, ein bisschen violetter Samt im Hintergrund reicht schon aus. Befreien Sie sich von dem Zwang, dass es tolle Fotos sein müssen, das klappt ohnehin nie. Machen Sie trotzdem eine Tradition daraus und knipsen Sie jedes Jahr vor gleicher Kulisse ein Bild. Die amerikanische Website awkwardfamilyphotos.com könnte Ihnen als Anregung dienen – der Schrecken der Familienfotos ist international!

Langeweile!

Ich langweilte mich bleiern – eine Beschäftigung, der
ich mich seit vierzehn Tagen mit ungeschwächtem Eifer
hingab.
Fridtjof Nielsen-Johansen

Vom Leerlauf

Nanu? Ein Buch, das sich gegen die Langeweile aufschwingt,
erzählt nun doch davon? Natürlich, denn ohne die gepflegte
Langeweile wären die Unterhaltung und erbauliche Zerstreuung der anderen Kapitel gar nicht so viel wert. Die besten
Ideen entstehen aus Langeweile! Sie muss nur quälend genug
sein, dann springt die Kreativität von selbst an und findet
Mittel und Wege, sie zu vertreiben. Tatsächlich aber hat die
Langeweile inzwischen einen ziemlich schlechten Ruf. Kaum
einer gibt offen zu, dass ihm langweilig ist, wahrscheinlich
aus Angst, er könnte in Sippenhaft genommen werden und
selbst als Langweiler gelten. Und das ist bei uns in heutigen
Zeiten verpönt. Vielmehr muss jeder eine höchstindividuelle
und interessante Persönlichkeit vorweisen können, stets bereit,
vor einer Castingshow-Jury zu bestehen. Für diverse Formen
der herannahenden Gefahr der Langeweile stehen in jedem
Haushalt professionelle Anti-Langeweile-Geräte bereit, zudem
warten die sozialen Netzwerke und ewig spuckenden Nach-
richtenkanäle, um eine Zerstreuung wenigstens zu simulieren.
Auf der anderen Seite beklagt die erwerbstätige Bevölkerung
nichts lieber, als dass ständig zu wenig Zeit und zu viel zu tun

ist. Sie sehnt sich nach Langeweile und wird doch zuneh-mend unfähig, sie zu ertragen oder gar zu zelebrieren. Das nun für ein Wochenende zu verordnen ist schwierig. Viel-leicht wäre der hilfreichste Rat, die Langeweile, wenn sie zart anklingt, nicht gleich zu bekämpfen, sondern zuzulassen. Für Anfänger ist eine Dosis von zehn Minuten empfehlens-wert. Klappen Sie das langweilige Buch zu und lassen Sie die Fernbedienung liegen. Bleiben Sie, wo Sie sind, und machen: nichts. Was passiert? Bestimmt sind Sie von echter Langeweile noch meilenweit entfernt, und doch freut sich Ihr Kopf erst

einmal, einige Eindrücke weniger verarbeiten zu müssen und ein paar Gedanken in Ruhe wandern lassen zu können. Fortgeschrittene können problemlos ein ganzes Wochenende in köstlicher Langeweile versinken und es als Entschlackungskur für Geist und Körper nutzen. Wir müssen nicht ununterbrochen produzieren und Sinn stiften, denken Sie nur mal an die Tierwelt. Da werden die Langeweile und das Nichtstun noch genossen – die Katze sitzt in der Wiese und freut sich am Dasein, die Kuh käut stillvergnügt wider.

Worauf warten Sie? Langweilen Sie sich!

So steht's geschrieben

»Wer hat es nicht einmal empfunden, was es ist, die Stirn an die Fensterscheiben drücken und in einen Landregen hinausschauen, dann sich auf das Sofa hinwerfen und die Beine gegen die Decke heben, was auch keine Erleichterung verschafft; dann auf die Uhr schauen und sehen, daß es um eine gute Stunde früher ist als gestern um diese Zeit; zu gähnen, als wäre man der König der Wüste in einem vergitterten Käfig; ein wenig nachdenken wollen und im Gehirn nichts anderes hervorbringen als eine nachklingende Drehorgelmelodie – endlich die Augen schließen und sich darein ergeben, daß man auf der Welt ist – einer Welt, so öde wie ein ausgedörrtes Schneckenhaus.

Bertha von Suttner, Langeweile, 1895

Spielen!

So wenig wir im großen Ganzen den Gesellschaftsspielen im geschlossenen Raum das Wort reden möchten, so angelegentlicher mag dies bei geselligen Vereinigungen im Freien geschehen.

B. von York, *Lebenskunst*, 1893

Vom Spielzeug

Wenn Erwachsene spielen, passiert oft etwas Seltsames: Sie vergessen, dass sie erwachsen sind. Ein gutes Spiel appelliert an unsere ureigensten Instinkte und erweckt sie zum Leben. Ohne es zu merken, versinken wir ins Spielen, probieren uns dabei immer neu aus und vergessen die Zeit. Ein Spiel bietet beste Ablenkung, indem es unsere Konzentration auf Vorgänge bündelt, die zwar anspruchsvoll, aber eben nicht ernst sind. Das macht den Kopf frei und ist erholsam, vor allem nach einer Arbeitswoche, in der es leider nicht nur um Spielfiguren und Spielgeld ging. Umso wichtiger, diesem Vergnügen ein ganzes Wochenende zu widmen: Es soll gespielt werden! Die meisten haben in ihrem Bekanntenkreis mindestens einen Spielfreak, der zwar oft etwas belächelt wird, von dessen Passion man sich zur Abwechslung aber entführen lassen darf. Zudem kann man sich dort Tipps und Ratschläge holen, wenn man in der Welt der Spiele selbst nicht besonders bewandert ist.

Ob mit Freunden, Verwandten oder Kindern – Spielen macht nicht nur Spaß, fordert und fördert, es kann auch richtig zur Sache gehen. Oft ist ein »Mensch ärgere Dich nicht!«-Brett der erste Anlass überhaupt, bei dem Kinder und Erwachsene gleichberechtigt am Tisch sitzen und einen Wettkampf auf Augenhöhe austragen. Mit den Spielen am Tisch ist es aber nicht getan. Das allseits verpönte Genre des Computerspiels ist mittlerweile derart breit gefächert, dass es eine ganze Reihe von Angeboten gibt, die auch einer abendlichen Runde von analog geprägten Menschen Freude machen können. Besonders Spielkonsolen, die zum Mitmachen vor dem Bildschirm eingerichtet sind und zum Karaoke- oder Sportwettstreit einladen, sind ein unterhaltsamer Nachtisch einer Essenseinladung. Wetten, dass auch distinguierte Gemüter bald begeistert in den virtuellen Boxring steigen? Fragen Sie einfach den Nachbarsjungen, vielleicht leiht er Ihnen ein Testgerät aus.

Ob Verstecken im Garten, Kegeln, Karten- oder anspruchsvolle Strategiespiele, entscheidend ist die Bereitschaft, sich Zeit für ein bisschen Unernst zu nehmen. Und nicht vergessen: Im Gegensatz zum Fernsehen schult Spielen den Charakter.

Die Anleitung
Kubb spielen

Man braucht:
Ein Kubbspiel aus Holz, bestehend aus 10 Kubbklötzchen ($7 \times 7 \times 15$ cm), 6 Wurfstöcken (4,4 cm Durchmesser, 30 cm lang) und einem König ($9 \times 9 \times 30$ cm)

Und so geht's:
Kubb ist ein Spiel, das immer öfter auf Wiesen und in Parks zu beobachten ist, sich sowohl zu zweit als auch in Großfamilienstärke, mit Kindern und Greisen, am Strand und im Schnee spielen lässt. Die Kurz- und Sonntagnachmittagsversion: Zielen, werfen, treffen! Oder:

* Zwei Mannschaften stehen sich an zwei etwa acht Meter voneinander entfernten Grundlinien gegenüber. An diesen beiden Linien werden je fünf Holzklötzchen im Abstand von einem Meter nebeneinander aufgestellt, das geht auf ebenem Untergrund, Sand oder Schnee am besten. In der Mitte des so abgesteckten Spielfeldes steht ein größerer Holzklotz: der König. Er teilt das Spielfeld in zwei Hälften.

* Mannschaft A beginnt und versucht, mit den sechs Wurfstöcken die Klötzchen auf der Grundlinie der gegnerischen Mannschaft B umzuwerfen, die Werfer müssen dabei hinter ihrer Linie bleiben. Im Idealfall ist jedes Stöckchen ein Treffer, mit dem sechsten Wurfstock wird der König umgeworfen und das Spiel ist zu Ende. Klingt leichter, als es ist!

* Sind alle Wurfstöcke aufgebraucht und nicht alle gegnerischen Klötzchen inklusive König getroffen, werden die umgefallenen Klötzchen der Linie B in die gegnerische Spielfeldhälfte A geworfen und dort, wo sie gelandet sind, aufgestellt. Der König darf dabei nicht getroffen werden.

* Mannschaft B muss nun mit den Wurfstöcken erst ihre »Opfer« auslösen, also ihre eigenen Klötzchen in der gegnerischen Spielfeldhälfte A treffen, bevor sie versuchen kann, die Klötzchen an der gegnerischen Grundlinie A zu treffen. Bleiben dabei ein oder mehrere Klötzchen im Feld der gegnerischen Mannschaft A liegen, dürfen sich die Spieler A zum Werfen bis zu dem Klötzchen stellen, das am nächsten am König steht. Sie stehen also näher an der gegnerischen Grundlinie.

Das klingt komplizierter, als es ist, aber ein paar Stunden sollten Sie schon dafür einplanen. Denn: Es besteht Suchtgefahr!

So steht's geschrieben

»Er legte zuerst die Rennbahn fest, eine Art Kreis (›auf die genaue Form kommt es nicht an‹, sagte er), und die Mitspieler mussten sich irgendwo auf der Bahn aufstellen. Es gab kein ›Eins – zwei – drei – los!‹; jeder begann zu laufen, wann er wollte, und hörte auf, wie es ihm einfiel, so dass gar nicht so leicht zu entscheiden war, wann der Wettlauf eigentlich zu Ende war. Nachdem sie indessen ungefähr eine halbe Stunde lang gelaufen und wieder ganz trocken geworden waren, rief der Brachvogel plötzlich: ›Ende des Wettlaufs!‹, und alle drängten sich, noch ganz außer Atem, um ihn und fragten: ›Aber wer ist Sieger?‹««

Lewis Carrol, *Alice im Wunderland*, 1863

Sommerfrische!

»Nun geht schon, reist in euren Ozon, von dem die
Beiblätter der Zeitungen voll sind«, sagt die große Stadt
zu den Herren Bewohnern. »Schüttelt meinen Staub von
euren Schuhen, speichert Gebirgsluft, spart und lungert
an der See, laßt eure Bräute bräunen, nehmt unterwegs
Sehenswürdigkeiten mit, die gerade auf der Reiseroute
liegen, geht und bleibt recht lange weg. Ich will mich
inzwischen ein bißchen von euch erholen. Ich werde
meinen stillen und surrenden Sommer haben.«

Franz Hessel, *Stadtsommer*, 1931

Vom Zeithaben

Sommerfrische vor hundert Jahren ging so: Von Juni bis September bezog die betuchte Familie samt Köchin und Dienstmädchen, allerdings ohne Vater (der musste arbeiten), Quartier
auf dem Lande, bevorzugt in den Bergen oder am Meer, Hauptsache aber: außerhalb der Stadt, jenseits der Salons. Vom Salatbesteck bis zur Botanisiertrommel wurde der gesamte Haushalt umgesiedelt und füllte mit der Garderobe für jedes Wetter, Büchern und Grammophon mehrere Rohrplattenkoffer.
Man genoss Sonne, Luft, Kurorchester, Flirts und etwas gelockerte Gesellschaftspflichten – eine wunderbare Lebensform.

Sie ahnen es, für ein Wochenendprogramm ist solch eine
Sommerfrische etwas zu ausladend. Ohnehin passt sie nicht
mehr in eine Zeit, in der kaum noch jemand mehr als zwei
Wochen Urlaub am Stück zur Verfügung hat. Gepäck ist begrenzt, Post wird nicht mehr nachgeschickt und schneidige

Kavaliere gibt es auch nicht mehr. Trotzdem soll der Grundgedanke nicht ganz vergessen werden: Die Stadt ist im Sommer kein Genußort. Jeder Mensch braucht dann ein Ziel auf dem Land, das der Lunge eine Pause vom Feinstaub gönnt und dem Auge ein paar beschauliche Ausblicke. Eine kleine Sommerfrische muss dabei unbedingt ein bisschen langweilig sein! Denn wenn Sie schon keine Monate dort verbringen können, müssen Sie unbedingt in 48 Stunden zur Ruhe kommen – eine Gartenbank, ein Feldweg am Waldrand, ein kleiner Laden der samstags um 14 Uhr schließt, das genügt als Ausstattung. Suchen Sie eine Ferienwohnung, einen Bauernhof oder ein Häuschen, das diese Anforderungen erfüllt, aber innerhalb eines Radius von 100 Kilometern liegt. Schließlich sollen sie Freitagabend stressfrei anreisen und am Sonntag erst nach acht Uhr abends wie-

der zurückfahren müssen, weil es einfach so nett ist. Ein leichtes Buch, eine Flasche Rotwein und ein paar Freunde, die Sie am Sonntagvormittag besuchen kommen, schon ist die beschleunigte Sommerfrische perfekt. Hinterher werden Sie darüber nachdenken, wie sich dieses Vergnügen irgendwie ausdehnen lässt – auf eine Woche, einen Urlaub, einen ganzen Sommer …

Das Rezept
Zitronen-Thymian-Limonade

Zur Sommerfrische gehört auch eine Sommererfrischung. Geht ganz leicht und belebt ungemein!

Die Zutaten:
6 Bio-Limetten
500 ml Wasser
200 g Zucker
1 Prise Salz
1 halbierte Vanilleschote
Thymianzweige
kaltes Mineralwasser

Und so geht's:
Die Limetten heiß abwaschen, die Schale abreiben und die Früchte auspressen. Wasser mit Zucker, Salz, der halbierten Vanilleschote, einigen Thymianzweigen und den Limettenzesten in einem Topf unter Rühren aufkochen, bis sich der Zucker gelöst hat. Vollständig abkühlen lassen. Den Limettensaft dazugeben und den Sirup abgedeckt bis zu einem Tag im Kühlschrank ziehen lassen.

Mit kaltem Mineralwasser aufgießen und mit Limettenscheiben, einigen Thymianzweigen und Crushed-Eis servieren.

So steht's geschrieben

»Es ist ja keine Kunst, dickezutun und mit einem billigen Zug irgendwohin zu reisen, um hinterher sagen zu können: Wir waren in der Schweiz oder in Zoppot oder sonst in der fern entlegenen Fremde; aber bescheiden in die Nähe von Berlin zu fahren, daß Frau und Kinder sich am Luftwechsel erfreuen und der Mann sonntags herauskommt und auch sein Vergnügen hat – das halte ich für eine bessere Aufgabe. Da heißt es, die Krone des Hochmuts abzulegen und das Waschkleid der Tugend anzuziehen.«

Julius Stinde, Die Familie Buchholz, 1884

Picknick!

Picknick (engl.), gesellige Vereinigung, zu der jeder Gast
einen Beitrag an Speisen mitbringt.

Meyers Konversationslexikon, 1889

Vom Essen am Boden

Es scheint, als wäre das Picknick heute aus der Mode gekommen. Vielleicht hängt das mit der galoppierenden Angst vor
Zecken zusammen oder mit den Gräser-Allergien, an denen der
halbe Bekanntenkreis leidet. Und natürlich mit den »Betreten
Verboten!«-Schildern an den Wiesen vieler Stadtparks. Möglicherweise hat auch der Siegeszug des Grillens (Männlich!
Fleisch!) das sanftere Picknicken (Damenhaft! Küchlein!) ver-
drängt. Schade, denn so ein Picknick hat eigentlich auch heute
nichts von seinem Unterhaltungswert eingebüßt. Es gehörte
sogar zu den erlesensten Zeitvertreiben überhaupt und war
bei den Studenten am Trinity College von Oxford ebenso fester
Bestandteil der Wochenenden wie bei den gehobenen Stän-
den und Vollzeit-Adeligen – die freilich kein Wochenende
brauchten für ihren Müßiggang.

Was macht also ein gelungenes Picknick aus? Traditionell
kommt hier zusammen, was zusammengehört: Natur, Essen
und Sitzen ohne weitere Hilfsmittel. Eine schöne Sache, auch
dann, wenn man als Dessert nicht gleich die Himbeeren vom
Strauch pflückt. Ein Picknick kann das Ziel einer Wanderung
sein, die man sonst ohne große Höhepunkte absolviert hätte,
ein rauschendes Fest ersetzen oder den langweiligen Sonn-

tagsspaziergang in ein einmaliges Erlebnis verwandeln. Wie inspirierend so ein Essensausflug sein kann, lässt sich in den Kunstsammlungen der Welt studieren. Das berühmteste Picknick der Welt wurde von Edouard Manet in Öl festgehalten und enthält als pikante Sonderzutaten zwei nackte Damen, was wohl das köstlich-orgiastische Potenzial eines guten Picknicks verdeutlichen sollte. Bei Claude Monets »Frühstück im Grünen« hingegen sind alle Beteiligten vollständig bekleidet, dafür sieht man mustergültig die wichtigsten Utensilien eines klassischen Picknicks von berufener Hand aufgemalt: Decke, Weinflasche, Salami und Sonnenschirm. Das sind natürlich nur die Basics, die sich ganz nach Laune und Vorbereitungszeit ergänzen lassen: Bücher, Kofferradio, Gugelhupf, Gummibärchen oder ein regelrechtes Fingerfood-Büffet – alles ist erlaubt, was sich tragen lässt.

Bleibt die Frage nach der richtigen Tageszeit für unser Wochenendpicknick: Samstagmittag, Sonntagmorgen oder doch eher in der blauen Stunde? Einer der größten Vorzüge des Picknickens ist, dass es außerhalb unserer Küchen und Küchenpläne funktioniert, die richtige Zeit dafür ist also: immer. Man erkennt sie weniger an der Uhr und vielmehr an der leisen Lust, sich während eines Spaziergangs oder einer Wanderung niederzulassen. Wohl dem, der vorgesorgt hat und mit Decke und einem Weinfläschchen gerade so viel Zivilisation an diesen schönen Ort mitbringt, dass sich Mensch und Natur perfekt ergänzen. Wann hat man sich zuletzt einfach so auf den Erdboden gesetzt und ausgeatmet? Picknickorte gibt es keineswegs nur in der Provence, man findet sie überall außerhalb der Stadtgrenzen und auch in den großen Parks – man muss nur genau hinsehen und sich von dem Zwang befreien, es müsste immer die perfekt-romantische Lichtung mit fließendem Bergwasser sein. Wichtig ist: Das

Plätzchen sollte freie Sicht in den Himmel bieten. Man muss beim ersten Schluck Champagner weit hinaufschauen können, erst dann hat man dieses unnachahmliche Gefühl, im Weltall zu schweben.

Wenn Ihnen auf Anhieb keine verwunschen-schönen Picknickplätze einfallen, gehen Sie mit einem kleinen Picknickkorb doch einfach los. Es gibt so viele Flussufer, vergessene Parks und komische Grashügel – alles wunderbare Picknickplätze. Für das Essen gilt: lieber ein bisschen weniger, dafür aber von besonderer Qualität. Es schafft einen reizvollen Kontrast, an einen alten Baumstamm gelehnt eine hauchdünne Scheibe San-Daniele-Schinken zu genießen oder eben, warum nicht, einen Schluck Bollinger – die alten Franzosen wären damit jedenfalls sehr einverstanden …

Die Liste
Zehn Dinge, die bei einem Picknick nichts zu suchen haben:

* Cola-Dosen
* iPhones und artverwandte Geräte
* Socken
* Kühltaschen und alles, was einen Zigarettenanzünder-Anschluss hat
* Goretex-Klamotten
* Freunde mit Allergie auf Wespenstiche und sonstige Krabbelphobiker
* Plastikbecher
* Tageszeitungen – allerhöchstens die Wochenendbeilagen sind erlaubt

- Spiel- und Sportgeräte, deren Namen unsere Eltern nicht mehr aussprechen können
- Regenschirme!

Das Rezept
Gurken-Kresse Sandwiches

Die Zutaten:
8 Scheiben Sandwichtoast
½ Salatgurke, in Scheiben
150 g Frischkäse
1 EL Meerrettich aus dem Glas

Saft einer halben Zitrone
Kresse
Meersalz, Pfeffer
Currypulver

Und so geht's:
Die Hälfte der Sandwichscheiben mit der Frischkäsemischung bestreichen und mit Gurkenscheiben belegen. Mit Meersalz, frisch gemahlenem Pfeffer und Curry würzen, mit etwas Zitronensaft beträufeln, mit Kresse garnieren. Die restlichen Toastscheiben auflegen.

Bleibt nur noch die Frage: diagonal oder der Länge nach aufschneiden?

Die Übung
Den Kopf in die Wolken stecken

Kopf nach hinten fallen lassen, den Wolken zuschauen und riechen und hören, was die Wiese so hergibt. Dann ein wenig dösen, weil das Glas Wein so angenehm die Augenlider gestreichelt hat. Oder war es doch ein Windstoß?

So steht's geschrieben

»Picknick im Freien. Jeder Teilnehmer hat Trink- und Eßbares beizusteuern, und da jeder beisteuert, was er gern ißt und trinkt, so wird jedem Geschmack genügt, wenn man nicht gezwungen wird, von dem Leibgericht und Leibgetränk Anderer zu kosten. (…) Ist die Gesellschaft gelagert und soll das Verzehren der beigesteuerten Eßwaren beginnen, so nehme man anfangs ganz kleine Portionen und versichere, man habe keinen Appetit, um die Nächstlagernden nicht stutzig zu machen und sie ferner nicht zu veranlassen, ängstlich geworden einzuhauen und Vorräte anzusammeln. Erst dann thue man dies selbst.«

Julius von Stettenheim, *Der moderne Knigge*, 1906

Malen!

Aber das Malen ist wunderschön, es macht einen
froher und duldsamer. Man hat nachher nicht wie beim
Schreiben schwarze Finger, sondern rote und blaue.

Hermann Hesse

Vom Farbrausch

Malen ist, ähnlich wie Singen, etwas, was viele Menschen im
akademischen Sinn nicht können, was aber trotzdem fast allen
Spaß macht. Als Kind malt man noch fast ununterbrochen,
irgendwann jedoch genügt das Ergebnis nicht mehr den eigenen Ansprüchen und all die herrlichen Wachsmalkreiden und
Wasserfarbkästen verschwinden im Schrank. Dabei kommt,
sobald man sich gestattet, nicht perfekt sein zu müssen, die
Freude von ganz alleine wieder zurück: Denken Sie nur an das
Zusammenmischen von Farben, den Anblick einer Leinwand,
den Geruch von Papier, an gespitzte Buntstifte oder Acrylfar-
ben. Ob Sie mit Rötelstift eine Obstschale skizzieren oder lieber abstrakte Farborchester dirigieren – diese Wonnen sollte
man hin und wieder auffrischen. Schon der Einkauf der
Utensilien ist eine Freude. Ein Künstlerbedarf bietet ein wohl-
tuend anderes Sortiment als alle anderen Geschäfte, in denen
man sonst seine Zeit verbringt. Achtung: Bei all den Tiegel-
chen, Pinseln und Papierbögen besteht akute Kaufrauschge-
fahr! Suchen Sie sich eine Technik aus, in die Sie am Wochenende eintauchen wollen, decken Sie sich ein und dann los!
Zeichnen Sie Ihren Partner, die Aussicht vom Balkon, oder

gehen Sie wie die Malweiber der Jahrhundertwende in die Natur und begeben sich auf die Suche nach pittoresken Kühen und Kirchtürmen. Machen Sie einen Ausflug daraus und begeistern ein paar Freunde für diesen Zeitvertreib – vielleicht haben Sie bald schon ein neues gemeinsames Hobby. Mutige können einen Aktzeichenkurs belegen oder sich, etwa wenn ein kleines Fest unter Kunstverständigen ansteht, ein Aktmodell von der Kunsthochschule nach Hause einladen. Das ist

auf jeden Fall spannender als ein Stillleben mit Wasserglas. Was immer Sie zu Papier bringen, nehmen Sie es ernst: Versuchen Sie Ihr Bestes, trainieren Sie Ihre Schwächen und rahmen das Werk ein, auf das Sie stolz sind!

Wer partout keinen Stift halten kann, hat zwei Alternativen an diesem Wochenende. Zum einen ließe sich Farbe im Baumarkt kaufen und anschließend mit Pinsel und Malrolle eine weiße Wand in ein Stück bewusste Wohnkultur umwandeln. Kaufen Sie sich zur Inspiration eines der Hochglanz-Wohnmagazine, Apricot ist nicht der einzig verfügbare Farbton! Wem das noch zu viel Eigeninitiative ist, der kann der kleinen Seitenstraßen-Galerie einen Besuch abstatten, die man jeden Tag auf dem Weg zur Arbeit passiert. Das freut den Galeristen, und vielleicht finden Sie ja ein Bild, das Ihnen zusagt. Kunst kaufen ist ein herrlich zivilisiertes Vergnügen, dem die meisten Menschen viel zu selten nachgehen. Dabei gibt es nichts Schöneres, als sich in ein Bild zu verlieben und mit ihm einen Bund fürs Leben zu schließen. Nehmen Sie sich ein Beispiel an Gertrude Stein. Die hungerte lieber, statt auf den Kauf neuer Bilder zu verzichten!

Die Anleitung
Einen Schattenriss anfertigen

Das ist eine romantische Beschäftigung für Abendstunden aus Zeiten, in denen es noch keinen Fotoapparat gab – und man die Abende noch bei Kerzenlicht verbrachte.

Man braucht:
Einen abgedunkelten Raum, ein großes Stück Papier, eine kleine Lampe und einen Menschen, an dessen Silhouette Sie sich nicht sattsehen können.

Und so geht's:

1. Hängen Sie ein großes Stück Papier an die Wand eines dunklen Raumes.

2. Setzen Sie Ihr Modell seitlich vor das Papier und strahlen Sie das Gesicht mit einer hellen Lampe an (ein Baustrahler offenbart besonders viele Details!), so dass sich das Profil als deutlicher Schatten auf dem Papier abzeichnet. Je näher Sie mit der Lampe herangehen, desto schärfer wird der Schatten.

3. Zeichnen Sie mit einem Bleistift die Umrisse des Kopfes nach.

4. Verkleinern Sie diesen dann mit Hilfe eines Kopierers auf die gewünschte Größe und übertragen Sie ihn auf ein Stück schwarzes Tonpapier.

5. Schneiden Sie den Schattenriss aus und rahmen oder kleben Sie ihn auf eine Postkarte.

So steht's geschrieben

»Unter solcherlei Gedanken kritzelte sie aufs Geratewohl Linien auf ein Blatt ihres Notizbuches. Eins der entstandenen Profile überraschte und entzückte sie: Es hatte eine erstaunliche Ähnlichkeit mit Juliens Gesichtsschnitt. ›Ein Wunder der Liebe!‹ frohlockte Mathilde. ›Unbewußt habe ich sein Bildnis gezeichnet.‹ Sie eilte in ihr Zimmer, schloß sich ein und versuchte nunmehr ernstlich und mit großem Eifer, Juliens Silhouette zu zeichnen, aber es gelang ihr nicht. Das durch Zufall geschaffene Profil war und blieb am meisten ähnlich. Sie war glückselig darüber. Es war ihr der klare Beweis einer großen Leidenschaft.«

Stendhal, *Rot und Schwarz*, 1830

Backen!

»Obst ist meine ganze Leidenschaft, und Kuchen esse ich
furchtbar gern. Im Pensionat haben wir nicht viel davon
zu sehen bekommen; Fräulein Raimar behauptete, der
Magen werde schlecht vom vielen Kuchenessen. Ist das
nicht eine furchtbar öde Ansicht?«

Emmy von Rhoden, *Der Trotzkopf*, 1885

Von der Zuckerbäckerei

Der Kuchen ist ein klassisches Symbol für das Wochenende.
Das dazugehörige Ritual aber, das Backen, hat in unseren Pla-
nungen oft keinen Platz mehr, zumal es in jedem Café Back-
waren zum Mitnehmen gibt. Damit büßt man nur leider auch
die Freuden ein, die ein entstehender Kuchen so mit sich bringt:
das Naschen, das Duften und schließlich das Heben der Back-
form aus dem Ofen, mit einem Glücksgefühl, als würde man
einen Schatz bergen. Anders als Kochen, das ja wieder sehr
populär ist, haftet dem Backen immer noch ein Oma-Charme
an, und auch Männer, die mit Begeisterung die Bratpfanne
schwingen, drücken sich meistens davor. Dabei ist das Backen
anders als das Kochen eine wirkliche Wissenschaft und erfordert Disziplin: Intuitives Genie ist weniger gefragt als die De-
mut, einer guten Anleitung zu folgen. Vielleicht ist es das, was
die selbsternannten Küchenchefs stört.

Jedenfalls, je öfter die Backkunst allerorten outgesourct wird,
desto eindrucksvoller ist es, wenn man sich an einem Wochenende ganz der Zuckerbäckerei hingibt und ein triumphales

Ergebnis präsentieren kann: Backen Sie ein Torte! Erfahrung brauchen Sie dafür nicht, nur eben ein gutes Rezept, Zeit, Fingerspitzengefühl und vielleicht einen Anlass. Andererseits, warum nicht auch einfach nur eine kleine, feine Torte für Sie alleine? Verdient haben Sie es!

Das Rezept
Eine Festtagstorte backen

Die Zutaten:

4 Eier
250 g Zucker
60 g Mehl
50 g Kartoffelmehl
1 ½ TL Backpulver

200 ml fertig gekochten Vanille-pudding
150 ml feine Erdbeer- oder Himbeermarmelade
Mark einer halben Vanillestange
2 EL Zitronensaft
750 ml Sahne

rosa Lebensmittelfarbe
400 g Marzipan
Puderzucker

Und so geht's:

Für den Tortenboden:

* Den Ofen auf 175° (Ober-Unterhitze) vorheizen, eine Springform (ca. 24 cm Durchmesser) buttern und mit Semmelbrösel ausstreuen.
* Eier und Zucker in einer Schüssel schaumig schlagen.
* In einer anderen Schüssel Mehl, Kartoffelmehl und

Backpulver vermischen und anschließend unter die Eier-
mischung rühren. In die Form füllen. Im unteren Teil
des Ofens ca. 30 Minuten backen. Mit einem Holzspieß
die Garprobe machen (bleibt kein Teig hängen, ist
der Boden fertig, andernfalls noch etwas im Ofen lassen).

✺ Den Tortenboden einige Minuten in der Form ausdampfen
lassen, dann ohne Springformrand abkühlen lassen.

Für die Füllung:

✺ Für die Vanillecreme den Vanillepudding mit der Marmelade mischen. Mit Vanille und Zitronensaft verfeinern.
Die Creme im Kühlschrank abkühlen lassen.
✺ Für die Sahnecreme die Sahne steif schlagen und 150 ml
der Vanillecreme untermischen.

Für die Torte:

✺ Tortenboden in drei Teile teilen. Den untersten Boden auf
eine Tortenplatte legen, darauf die Vanillecreme verteilen.
Auf den nächsten Boden kommt eine etwa 1 cm dicke
Schicht Sahnecreme. Den letzten Boden auflegen und die
restliche Sahnecreme darauf verteilen, bis die Torte eine
schöne Kuppelform hat.
✺ Einige wenige Tropfen Lebensmittelfarbe mit dem
Marzipan verkneten (reinweißes Marzipan lässt sich am
schönsten einfärben, das herkömmliche gelbliche geht
aber auch). Das Marzipan rund ausrollen, groß genug,
dass die Torte damit bedeckt werden kann. Etwas Puderzucker verhindert das Ankleben an Tisch und Nudelholz.
Das Marzipan nun auf die Torte legen. Ein kleiner Tipp:
Vier Hände schaffen das leichter als zwei! Überstehendes
Marzipan unten abschneiden. Um den unteren Rand
ein Satinband in passender Farbe oder eine Spitzenborte
legen, das verdeckt eventuelle Unebenheiten.

* Die Torte bis zum Anschneiden kühlstellen, am besten aber nicht im Kühlschrank. So zieht die Füllung an und die Torte lässt sich einfacher und eleganter aufschneiden. Vor dem Servieren Puderzucker zart über die Torte sieben.

Die Anleitung
Eine Geschirrtuchschürze selber nähen

Mit der richtigen Schürze kann man beschwingt das Mehl stauben lassen. Aus einem einfachen Geschirrtuch wird eine Kinderschürze, aus zwei zusammengenähten oder einem großen eine für Erwachsene.

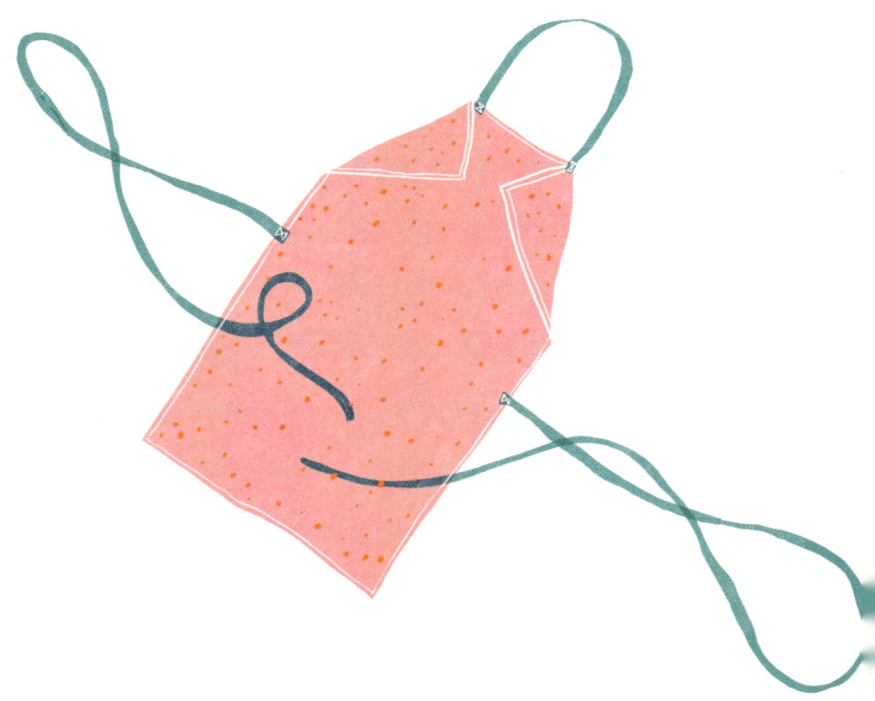

Man braucht:

2-4 cm breites Web- oder Satinband, ca. 170 cm lang;
1 großes bzw. zwei kleine Geschirrtücher; Nähgarn

Und so geht's:

1. Schlagen Sie die beiden oberen Ecken des Geschirrtuches
   um (16 cm Längsseite, 16 cm Querseite) und bügeln
   Sie die Kanten glatt. Sie können die Umbruchkanten
   absteppen oder auch nur die Eckspitzen mit ein paar
   Stichen fixieren.
2. Schneiden Sie das Band in ein 70 cm langes und zwei
   50 cm lange Teile. Nähen Sie das 70 cm lange Band als
   Halsschlaufe am oberen Ende der Schürze an, die beiden
   anderen Bänder links und rechts.

Für Fortgeschrittene: Sticken Sie ein Monogramm ein oder
nähen Sie eine Tasche oder Zierbordüre auf.

Abenteuer!

Jede Chance auf einen sicheren Tod muss man hier draußen auf das Niveau einer sportlichen Herausforderung reduzieren. Darüber hinaus treibt einem das tagelange Stolpern durch ungewohnte Umgebung alle Eitelkeiten ziemlich gründlich aus.

Mary Kingsley

Vom Aufbruch ins Ungewisse

Die Zeit der großen Abenteuer ist vorbei, sagt man. Das stimmt wohl, wenn man dabei an Entdeckungen, Erstbesteigungen oder Überquerungen denkt. Auf diesen Feldern ist für Wochenend-Abenteurer tatsächlich nicht mehr viel zu holen. Aber was ist eigentlich ein Abenteuer? Nun, erst einmal alles, bei dem man sein gewohntes Umfeld verlässt, ohne genau zu wissen, ob und aus welcher Richtung man zurückkehren wird. Es muss nicht um Sternstunden der Menschheit gehen, ein kleines Abenteuer findet jeder für sich, wenn er nur die eigenen Grenzen überschreitet und seiner Neugier die Führung überträgt. Ein Abenteuer kann schon sein, einen Abend lang alleine auszugehen und sich durch die Nacht treiben zu lassen, sich auf die Bühne eines Poetry-Slams zu wagen oder mit dem nächsten Zug bis zur Endhaltestelle zu fahren. Überlegen Sie einfach, was Sie Überwindung kostet und bei Ihnen Nervenkitzel verursacht. Suchen Sie den Punkt in Ihrem persönlichen Koordinatensystem, an dem sich Angst und Neugier kreuzen. Das wird Ihr nächstes Abenteuer!

Bis es so weit ist, lenken Sie sich mit alten Expeditionsschilderungen ab und schmökern in Tagebüchern mutiger Männer und Frauen, die sich vor gar nicht langer Zeit unerschrocken ins Ungewisse vorwagten. (Lesetipp: *Die grünen Mauern meiner Flüsse. Aufzeichnungen aus Westafrika* – eine Schilderung der Abenteuer Mary Kingsleys aus dem Jahr 1897, einer exzentrischen Britin, die mit einem Hut aus Maulwurfsfell Afrika bereiste. Antiquarisch erhältlich!) Abenteuerliteratur bringt nicht nur einen Hauch Tollkühnheit in Ihr Lesezimmer, sie transportiert zudem eine wichtige Botschaft: Seien Sie mutig! Sichern Sie sich nicht doppelt und dreifach ab und beschränken Sie sich nicht auf Altbekanntes – wagen Sie sich frisch und frei voran!

Ein schöner Nebeneffekt abenteuerlicher Lektüre sind nicht zuletzt erwachende Kindheitserinnerungen, als Abenteuer ein ganz gewöhnlicher Bestandteil der Nachmittage waren und man jeden Tag ein bisschen Neuland erobern konnte. In diesem Sinne: Verlassen Sie die Komfort-Zone und treten ein in eine bunte, aufregende Welt!

Die Anleitung
Ein Notsignal absetzen

In den Bergen gilt das 1894 von dem Engländer C. Dent vorgeschlagene alpine Notsignal: alle zehn Sekunden mit einem akustischen (pfeifen, rufen, klopfen, trillern etc.) oder optischen Signal (Kleidung oder Zweige schwenken, Lichtzeichen mit Taschenlampe oder Spiegel geben) auf sich aufmerksam machen, nach einer Minute Pause wiederholen.

Auf See gilt seit 1906 das internationale Notrufzeichen SOS (kurz kurz kurz lang lang lang kurz kurz kurz), das akustisch oder als Lichtsignal abgegeben wird.

Die Übung
Ein ermutigendes Spruchband schwenken

Für sich selbst, für einen Freund, für die ganze Welt. Abenteuerliche Anlässe gibt es genug: ob das eine Weltreise, jemand Neues im Leben, ein Leben im Neuen, ein erstes Kind, eine neue Wohnung oder eine Hochzeit ist. Mit einem Jubelplakat und den dazugehörigen Freunden geht sich der erste Schritt ins Ungewisse leichter. Als Unterlage für die ermutigenden Worte taugen Stoff oder Papier, die zwischen zwei Stöcken befestigt werden.

Viel wichtiger als die Ausführung: der Mut, das Banner dann auch wirklich hochzuhalten und dabei zu jubeln!

So steht's geschrieben

»Ich ging nach Wien, um auch da ein seltsames Abenteuer zu bestehen. Damals steckte das Flugzeugwesen noch in den Kinderschuhen. Ich interessierte mich immer für alles Neue und lernte dadurch einen mutigen jungen Aviatiker kennen. Wir verlebten eine heitere Zeit miteinander, in der es ihm gelang, mich zu einem Flug mit ihm zu bestimmen. Das Abenteuerliche reizte mich. Ich stieg mit dem Aviatiker auf, nicht ahnend, daß dieser Flug zu einem Angriff auf meine Freiheit führen sollte.

Während das Flugzeug über dem Stefansturm kreiste, warf sich mein Begleiter vor mir auf die Knie und erbat mein Jawort. ›Gibst Du mir nicht dein Wort, meine Frau zu werden, stürzt das Flugzeug mit uns beiden hinunter, dem sicheren Tode entgegen!‹ Ich sah in das von Leidenschaft verzerrte Gesicht, sah den glühenden fanatischen Blick und wußte, daß dieser Mann Worte tiefster Überzeugung sprach. Ich reichte ihm meine Hand und ließ mich von ihm küssen. Mit diesem Kuß in dieser Lage erkaufte ich mein Leben.

Unten angekommen, der Gefahr entronnen, gab ich dem Erpresser die Hand – zum Abschied.«
Lily Braun, *Lebenssucher*, 1915

Herbst

Kastanien!

>»Hier ist 'ne Kastanie! Ist die Kastanienzeit schon
>wieder da?«
>
> John Habberton, *Anderer Leute Kinder*, 1877

Vom Glanz der kleinen Dinge

Die Kastanie ist ein Zeigerbaum, der den Lauf der Jahreszeiten
besonders deutlich macht. Das gilt nicht nur in der Natur, sondern auch in unserer Garderobe. Zieht man eine Jacke an, in
deren Tasche sich noch eine Schrumpelkastanie vom letzten
Herbst findet, weiß man, dass sich die Sommerherrlichkeit dem
Ende zuneigt. Warum nur sammeln wir so gern Kastanien?
Weder lassen sie sich einmachen noch schmoren, sie riechen
auch nicht besonders. Trotzdem haben wir seit Kindertagen
diesen Reflex, die perfekten, glänzenden Dinger aus ihrer Sta-
chelschale zu drücken und als Handschmeichler in unserer
Tasche verschwinden zu lassen. Als Kind immerhin konnte
man daraus in gefährlicher Heimwerkerarbeit Tiere basteln;
später taugen die heimgeschleppten Kastanien höchstens noch
als Dekoration auf dem Fensterbrett, wo ihr magischer Glanz
aber leider bald verschwindet. Unser Vorschlag: Sammeln Sie
ruhig Kastanien, zwei ganze Eimer voll, und stellen sie beim
Förster vor die Tür. (Förster gibt's auch in der Stadt!) Vielleicht
bekommen Sie sogar Honorar dafür oder, wie es in der Stadt
Bonn traditionell geschieht, kiloweise Haribo-Schleckzeug!
Dank dieser Kooperation erfreuen sich Rehe, Hirsche und
Wildschweine in kalter Winterstund an Ihrer Sammellust.

Das Tolle am Prinzip Kastanie geht aber über das reine Aufheben noch hinaus – es sind diese ganz bestimmten Tage, die wir damit verbinden: die Sonne noch fast sommerlich, der helle hohe Himmel, die altweiberlichen Spinnfäden auf der Wiese, die Welt bunt und schön ausgeleuchtet, bis am Nachmittag die ersten langen Schatten auftauchen und vom Herbst erzählen. An solchen Tagen muss man einfach noch mal draußen sein, Sonne speichern und ein letztes Mal im Biergarten sitzen, bevor er für einen langen Winter schließt. Da treffen wir sie wieder, die Kastanien, und müssen aufpassen, dass sie uns nicht ins Glas fallen. Wen jetzt schon wieder die Sehnsucht nach dem Sommer plagt, der sollte sich noch einen Herbstabstecher Richtung Süden gönnen. Sie müssen nicht weit, nur dahin, wo es Maronen gibt, nach Südtirol, in die Schweiz oder nach Slowenien. Da ist der Herbst noch ein bisschen wärmer und die Kastanien kann man sogar essen!

Die Anleitung
Waschmittel zum Sammeln

Falls Sie noch Reste ihrer gesammelten Kastanien und Lust auf ein grünes Gewissen haben: Rosskastanien sind zu etwas nütze, denn sie enthalten viele Saponine (lat. Sapo für Seife). Zusammen mit Wasser bilden diese einen seifigen Schaum. Machen Sie sich Ihr Waschmittel selber! 100% öko und 100% günstiger als indische Waschnüsse aus dem Reformhaus.

Und so geht's:
Für ein größeres Marmeladenglas Kastanienseife braucht man etwa zwei Handvoll Rosskastanien. Die gesammelten, anfänglich makellosen Baumfrüchte müssen zerkleinert werden: ab damit unter ein Tuch und mit einem Hammer ans Werk! Die

Kastanienbrösel werden nun in ein Glas gefüllt und mit Wasser aufgegossen. Innerhalb weniger Stunden bildet sich ein milchig-seifiger Saft, den man durch ein feines Sieb in ein Schraubglas umfüllt. Dieser kann dann direkt als Flüssigwaschmittel in die Waschmaschine gegeben werden. Möglicherweise hat die Wäsche nach dem Waschen anfänglich einen leichten Gelbstich, nochmal mit Wasser gespült, verliert er sich wieder.

So steht's geschrieben

»Nun, es kam der Herbst. Und wie in jedem Herbst kam der Maronibrater Sameschkin nach Szwaby. (…) Sameschkin kam immer im Oktober. Er blieb über den Winter. Er kam mit vielen Säcken Kastanien und mit seinem kleinen Bratofen auf vier mageren, schwarzen Füßen. Er sah sehr fremd aus und so, als hätte man auch ihn gebraten.«

Joseph Roth, *Das falsche Gewicht*, 1937

Selber bauen!

Es ist nicht zu verhindern, daß man von Handwerkern eines Tages genug hat. Schließlich kann man sein Heim auch selbst ruinieren.

Ephraim Kishon

Von Hand gemacht

Neben vielen anderen Dingen hat das Internet eine interessante Form des Exhibitionismus hervorgebracht: In Tausenden von Foren, Blogs und Magazinen stellen Menschen Selbstgemachtes vor, geben Anleitungen weiter und wollen für ihre Werke bejubelt werden. Die DIY-Bewegung, die zwischenzeitlich keine große Lobby mehr hatte, ist heute akzeptierter denn je, ob es sich dabei nun um Gemüse aus eigenem Anbau, Selbstgestricktes oder ein Bücherregal aus alten Abflussrohren handelt. Grundsätzlich ist das eine hübsche Sache, sind wir doch ziemlich bequem geworden: Man kauft und wirft weg, lässt aufstellen und entrümpeln und hat zu all dem Krimskrams in seiner Wohnung eigentlich keinen Bezug. Schade, denn wer nie etwas selber baut, dem entgeht der irre Stolz, der einen überkommt, wenn man eine Idee mit eigenen Händen in etwas Greifbares und vielleicht sogar Nützliches verwandelt. Wer selbst handwerkt, wenn auch nur in kleinem Umfang, ist ein gutes Stück selbstständiger und wird im Bekanntenkreis schnell als Kapazität gefeiert.

Vielen Willigen allerdings fehlen Platz und Ausrüstung für kleine Tischlerarbeiten, und auch ein väterlicher Ratgeber ist nicht immer zur Hand. Doch Rettung naht! In vielen Städten gibt es Zentren für Eigenarbeit, die diese Bedürfnisse stillen. Und Bretter zuschneiden (lassen) und Werkzeug leihen kann man auch in jedem größeren Baumarkt. Wer also im Geschäft partout nicht die perfekte Bank oder den idealen Esstisch entdeckt, der findet vielleicht eine Bauanleitung von Menschen, denen es ähnlich ging. Befreien Sie sich aus der Unmündigkeit des Konsumenten und stürzen Sie sich in das Abenteuer des Selbermachens! Manches ist viel einfacher, als man vermutet, und an einem Wochenende zu bauen. Und man muss nicht auf Profi-Niveau einsteigen: Versuchen Sie nicht gleich zu Beginn, eine Küche selbst zu schreinern, ein Regal, ein Hocker, eine Garderobe dagegen sind übersichtlichere Herausforderungen. Suchen Sie sich im Netz eine Anleitung nach Ihrem Geschmack und bauen Sie Ihr persönliches Einzelstück, das es in keinem Geschäft zu kaufen gibt!

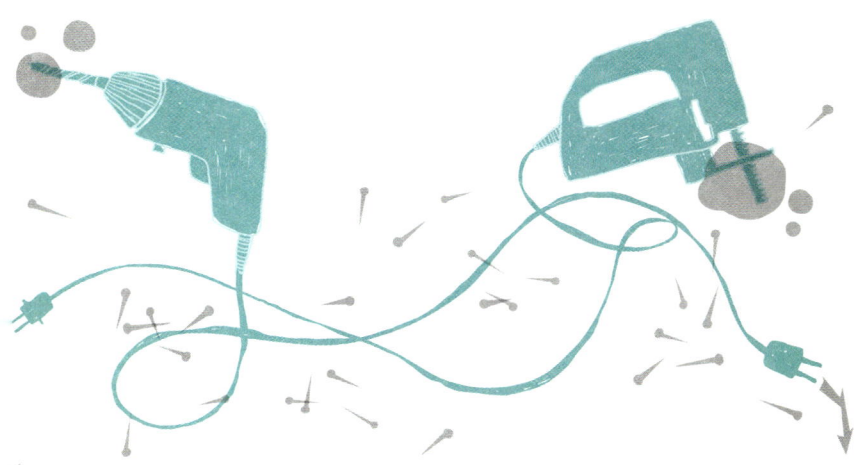

Die Anleitung I
Einen Tisch zur Tafel umlackieren

Tafellack macht alte Tischoberflächen wieder schön und ersetzt jede Tischdecke. Tiefschwarzer Lack ist eleganter als der dunkelgrüne aus Schulzeiten. Schleifen Sie die Tischoberfläche mit einem Schwingschleifer glatt, bei bereits makelloser Oberfläche reicht ein Anschleifen. Lackieren Sie mit dem Tafellack, wenn nötig zweimal. So behandelt, lässt sich der Tisch mit gewöhnlicher Tafelkreide oder Tafelstiften beschriften. Ob Sonntagsmenü, Nachrichten an die lieben Mitbewohner, Kinderkritzeleien, Einkaufszettel, Geistesblitze zu vorgerückter Stunde oder Gedichte – mit ein bisschen Lack und einem Stück Kreide verwandeln Sie Ihren Küchentisch im wahrsten Sinne in eine Tafel.

Die Anleitung II
Ein Gewürzglasregal bauen

Alles, was Sie brauchen, ist ein Regalbrett aus Holz, Regalwinkel aus Holz oder Metall und Gläser mit Schraubdeckel.

Schrauben Sie die Deckel der Gläser in regelmäßigen Abständen mit Schrauben (die kurz genug sind, dass Sie das Brett oben nicht durchstoßen, aber lang genug, dass der Deckel stabil befestigt ist) an der Unterseite des Brettes fest und befestigen Sie das Holzbrett mit den Winkeln an der Wand. Nun können Sie die Gläser mit Gewürzen befüllen und in die Deckel drehen. Mit Etiketten bekleben. So hat sich die Suche nach Salz und Pfeffer erledigt und zusätzlichen Stauraum gibt's obendrauf.

So steht's geschrieben

»Wir wissen, daß die Handarbeit für den Luxus oder die Liebhaberei reserviert ist; wir andern haben uns im täglichen Leben mit Massenfabrikaten zu behelfen, nein: uns ihrer zu bedienen – und Aufgabe der Industrie ist es, diesen Massenartikel, so ornamentlos, so sauber, so glatt, so billig und so praktisch wie möglich herzustellen.« Kurt Tucholsky, *Das »Menschliche«*, 1927

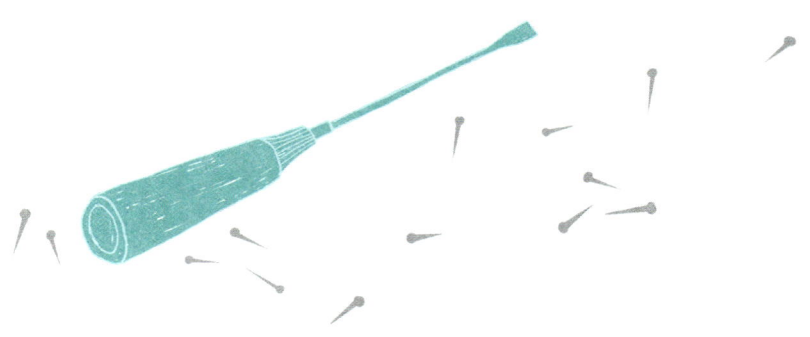

Radeln!

Sie eilte heim, hing ihren Rock an den Nagel, stülpte die
Sportsmütze auf den Kopf und dann setzte sie sich auf
das Rad und machte, dass sie aus der Stadt kam. Sie hatte
in der Eile sogar vergessen Schampus mitzunehmen.

Ernst von Wolzogen

Vom Fahren auf zwei Rädern

»Fahrrad« fährt man bei uns erst seit 1885, als die deutschen
Radfahrervereine entschieden, das Wort »Bicycle« durch
»Fahrrad« zu ersetzen. Der richtige »bicycle craze« begann
um 1888 mit der Entwicklung des Niederrades (im Gegensatz
zum Hochrad – die Unfallgefahr war beträchtlich: Stürze waren spektakulär, endeten aber oft tödlich!) und der Erfindung
luftgefüllter Reifen durch den Engländer J. B. Dunlop. In der
Folge kamen Finessen wie gefederter Sattel, Rücktrittbremse
und Gangschaltung hinzu, die uns bis heute gute Dienste erweisen. Ohne diese Annehmlichkeiten hätten sich die Physikerin Marie Curie und ihr Mann Pierre sicher nicht bereits
1895 mit dem Fahrrad auf Hochzeitsreise begeben. (Fahrradfahren war nicht zuletzt ein feministisches Statement!) Seitdem hat sich an der Silhouette des Radlers nicht mehr viel
geändert: Aufrecht und den Kopf in den Wind gestreckt, befährt er elegant die Welt.

Heute ist Fahrradfahren mit allerlei Zusatzbedeutungen verbunden: Man tut etwas für die Gesundheit und gegen die
Umweltbelastung, man demonstriert Bescheidenheit oder übt

als Nacktradler Protest (das allerdings ist unbequem und nicht zu empfehlen!). Dabei ist das Radeln in der Stadt vor allem praktisch. Achten Sie einmal darauf, wie oft Sie das immergleiche Auto überholen, weil man nicht ständig durch Stau und Ampel ausgebremst wird. Wenn die Stadt sich in der Rushhour verkeilt, sind die Radfahrer immer noch in Bewegung. Dass das Stadtradeln aber ebenso stressig sein kann wie das Autofahren, soll nicht verschwiegen werden. Als Radler hat man gegen rücksichtslose Menschen in Geländewagen zu kämpfen, gegen tückische Straßenbahngleise, Baugruben, Scherben auf dem Radweg und so einiges mehr.

Radeln am Wochenende dagegen sollte ein stressfreies Erlebnis sein! Raus aus der Stadt – aber nicht mit einer Schar verbissener Rennradler. Das anmutige Dahinrollen, das aufmerksame Er-Fahren der Umgebung, das ist immer wieder einen Sonntag wert. Man sieht vom Sattel doch ganz andere Dinge und hat die gewohnte Umgebung schnell hinter sich gelassen – und mit ihr alles, was nicht so rund läuft wie das Vorderrad.

Die Übung
Einen eigenen *Tweed Run* veranstalten

Der *Tweed Run* kommt, wie vieles Gute rund ums Rad, aus Großbritannien und ist ein »metropolitan bicycle ride with a bit of style«. Oder anders gesagt: In Tweed gehüllte Hipster führen sich und ihr schönes Rad zum Afternoon Tea aus. Hipster hin oder her, *a bit of style* schadet nie. Inzwischen gibt es auch in deutschen Städten zunehmend Menschen, die ihr Rad zum Stilobjekt hochpolieren und es als elegante Ergänzung zum eigenen Auftritt verstehen. Weniger Funktionsklamotten, dafür etwas mehr Exzentrik!

Freitagabend: *Inspiration!* Die holt man sich am besten in den Büchern: *Cycle Chic* und *Cycle Style* (beide Prestel Verlag).

Samstag: *Vorbereitung!* Opas Anzug oder Knickerbocker vom Speicher holen und den Fahrradhelm mit Tartan-Stoff tarnen. Denken Sie einfach an Sherlock Holmes. Brooks-Sattel und Lenkergriffe aus Leder montieren, Rad polieren, Fahrradglocke stimmen lassen. Nicht vergessen: Licht und Sitzposition überprüfen, grob rechnet man Innenbeinlänge $\times$ 0,885 = Sattelhöhe (Abstand von Oberkante Sattel bis zur Mitte des Tretlagers).

Sonntag: *Es geht los!* Kniestrümpfe, Kappe, Knickerbocker für den Herren, Pumphosen für die Dame. Aber nur so dick auftragen, dass Sie sich nicht vollkommen verkleidet fühlen. Kinder, Scones und Landkarte aufschnallen und losradeln. Passende Ziele: nächster Schlosspark, zur Not auch eine alte Allee oder ein schöner Baum. Der letzte Teil der Wegstrecke wird als Rennen gefahren, aber aufpassen, dass dabei weder Hüte, Kinder, Scones noch Anmut verloren gehen. Wer gewinnt, darf den Afternoon Tea ausschenken. Das Unterfangen wird mit Instagram- oder Hipstamatic-Kamera festgehalten und unter dem sicheren Jubel der Netzgemeinde ins Web gestellt.

Verkleiden!

Eine Pappnase wird am bequemsten in der Tasche
getragen. Trägt man sie im Gesicht, so hat man sich
die Folgen selbst zuzuschreiben.
Der moderne Knigge, 1906

Von Hüten und falschen Bärten

Es gibt Landstriche, in denen dieses Kapitel auf innigstes Verständnis, und solche, in denen es auf skeptische Ablehnung stoßen wird. Das karnevalistische Verkleiden konzentriert sich in
unserem Land auf wenige Bastionen, in denen es zu gewissen
Zeiten mit Eifer betrieben wird. Dieses Wochenende aber soll
ganzheitlich und überregional verstanden werden, weil nicht
das Faschings-, Karnevals- oder Fastnachtstreiben gemeint ist,
sondern das Kostümieren um des Kostümierens willen. Das
war ein seriöser und keinesfalls kleingeistiger Spaß, der vor
hundert Jahren noch flächendeckend und bis in allerhöchste
Kreise zur guten Laune beitrug. Die Literatur hat das Verkleiden ausführlich gewürdigt, vom *Zauberberg* bis *Pippi Langstrumpf*,
überall gibt es Kapitel, in denen der menschlichen Lust auf
optische Täuschung gehuldigt wird – höchste Zeit, dass auch
wir ihr ein Wochenende widmen!

Wer das Glück hatte, schon einmal zu einem echten Kostüm-
fest eingeladen gewesen zu sein, weiß um die Vorzüge einer
Maske: Man ist verändert, bewegt sich anders, verliert im Schutz
der Verkleidung manches Hemmnis und manche Befangen-
heit. Es fühlt sich an, als würde man eine Auszeit von seinem

Ich nehmen und dürfte einen Abend lang etwas ganz Neues ausprobieren. Wer eher selten rauschende Kostümfeste besucht, kennt aber sicherlich die etwas einfachere Freude des Verkleidens, die man schon als Kind empfand – als man im Kleiderschrank der Eltern wühlte und mit verschiedensten Zusammenstellungen vor den Spiegel rannte, um zu sehen, wer oder was einem da entgegenblickte. Das geht auch heute noch: Nicht selten verstecken sich im eigenen Kleiderschrank längst vergessene Teile, mit denen wir posieren können – Verkleiden light! Wer sich traut, sollte dieses Experiment auf das ganze Wochenende ausweiten und verkleidet ausgehen: Schminken Sie sich einen kleinen, eleganten Schnurrbart, setzen Sie Opas Hut auf und dann raus in die Nacht. Es kostet Überwindung, sicherlich, aber Sie werden schnell merken, welch königlichen Spaß das macht. Auch in Gegenden, in denen das Verkleiden sonst keine große Lobby mehr hat …

Die Anleitung
Einen Mini-Zylinder basteln

Mit einem Zylinder ist man immer gut gekleidet. Chic für alle Geschlechter, in jedem Alter und auch für Vierbeiner geeignet – damit können Sie sogar Ihre Katze ausgehfein machen!

Man braucht:

Schwarzes Tonpapier, eine leere Klopapierrolle, Schere, Bleistift, Kleber, Tesafilm, evtl. ein Gummiband

Und so geht's:

1. Eine leere Klopapierrolle in der Mitte durchschneiden, Sie brauchen nur eine Hälfte davon.
2. Aus schwarzem Tonpapier ein 2 × 15 cm großes Rechteck ausschneiden.
3. Einen Kreis auf ein anderes Stück Tonpapier zeichnen (als Vorlage dient die Klopapierrolle). Um den Kreis herum vier kleine Rechtecke an die Kreislinie anzeichnen und ausschneiden. Falten Sie die Rechtecke an der Kreislinie. Stülpen Sie das Tonpapier über die halbe Klopapierrolle und kleben Sie die Rechtecke außen fest.

4. Zeichnen Sie einen weiteren Kreis auf Tonpapier auf (wieder dient die Rolle als Vorlage). Um diesen herum in etwa 1,3 cm Abstand zeichnen Sie einen weiteren Kreis auf und schneiden das Ganze aus. Um die Hutkrempe für den Mini-Zylinder zu erhalten, schneiden Sie den inneren Kreis von der Mitte ausgehend zum Rand ein, so dass dreieckige Abschnitte entstehen, die Sie nach oben biegen. Kleben Sie diese Dreiecke innen an der halbierten Papierrolle fest.

5. Wickeln Sie nun das zu Beginn ausgeschnittene Tonpapierrechteck um die Rolle und kleben Sie es fest. Fertig ist Ihr Hut! Eine Gummischnur daran befestigen oder mit schwarzen Klammern im Haar feststecken.

So steht's geschrieben

»Wer in antikem Gewande war, folgte, die übrigen blieben zur Seite stehen. Denn viele waren auch anders kostümiert – Renaissance, alte Germanen oder orientalisch. Der arme Georg, Marias Rechtspraktikant, der durch die Eckhäusler eingeladen war, hatte den Charakter des Festes entschieden nicht begriffen, er war als Pierrot gekommen, und es war ihm dann sehr unbehaglich. Willy, dem er sein Leid klagte, sagte, er müsse eben versuchen, sich wie der Narr in einem Shakespearischen Drama aufzufassen. Er empfand wohl die Bosheit nicht, die darin lag, und fühlte sich getröstet.«

Franziska zu Reventlow, *Herrn Dames Aufzeichnungen*, 1913

Kürbis!

Das brachte einen wieder auf den Boden der Tatsachen
zurück. Das gab einem einen Grund, um weiterzu-
machen: Kürbis.

Alexander McCall Smith

Vom Gartenkoloss

Den Kürbis groß zu erklären können wir uns sparen. Er ist in
den letzten Jahren zum Herbstaccessoire Nummer eins geworden: Im Frühsommer gibt's Spargel und im Frühherbst Kürbis,
das hat sich inzwischen bis zum letzten Küchenmuffel rumge-
sprochen. So sehr ist die Kürbissuppe bei der Essenseinladung
am Samstagabend Standard geworden, dass sie uns fast ein
bisschen langweilig ist. Das Tolle am Kürbis ist aber gar nicht,
dass ihn jedermann mit dem Pürierstab in eine Suppe verwandeln kann, sondern seine Urgemütlichkeit, wie er orange und
mopsig auf dem Feld liegt. Am liebsten will man ihm über die
dicken Backen streicheln und ihn am praktischen Henkel
durch die Landschaft tragen. Lieber noch, als Halloween-Bräu-
che zu importieren und ihn zu einer Fratze zu schnitzen, stellen
wir den orangen Koloss dann vor die Tür oder ans Küchenfenster. Immer wenn wir ihn dort sehen, macht er uns gute Laune.

Einen Kürbis im Supermarkt zu kaufen ist natürlich nur die
Notlösung. Viel passender ist es schon, an einem der Kürbis-
haufen zu halten, die ab August überall im Umland auftauchen – und sogar am Sonntag »geöffnet« haben, was sie besonders wochenendtauglich macht. Spätestens da überkommt

auch den Städter ein wenig Erntefreude, wenn es darum geht, das formschönste Exemplar zu entdecken.

Noch sensationeller ist es, seinen eigenen Kürbis übers Jahr hinweg zu beobachten, wie er sich lang und länger ausstreckt und mit seinen schönen großen Blüten protzt. Es muss nicht gleich eine Kürbiszucht sein, wie englische Gartenfreaks sie vielerorts perfektioniert haben, um bei der nächsten Gartenshow mit einem Riesenexemplar zu triumphieren. Ein einfacher Kürbissamen und ein Stückchen ungestörtes Land reichen schon. Und wer weiß, vielleicht verwandeln Sie das Kürbispflanzen in der kommenden Saison in einen kleinen Wettkampf mit Familie oder Freunden. Dann gibt's nächstes Jahr um diese Zeit ein Kürbiswochenende inklusive Ernten, Wiegen, einer Schönheitsjury – und natürlich Kürbissuppe.

Die Anleitung
Kürbiskerne ernten, trocknen, rösten

Der Steirische Ölkürbis (*Cucurbita pepo* var. *styriaca*) liefert die besten Kürbiskerne: Sie sind weich und müssen nicht geschält werden. Grundsätzlich eignen sich aber die Kerne aller Speisekürbisse. Sie schmecken gut und sind gesund.

Die Zutaten:
1 Steirischer Ölkürbis
Olivenöl oder flüssige Butter

Und so geht's:
✳ Löffeln Sie die Kerne aus einem frischen Kürbis, waschen Sie sie gründlich und lassen Sie sie einen Tag lang auf einem Stück Küchenpapier trocknen.

✳ Zum Rösten verteilen Sie die Kerne auf einem Backblech, beträufeln sie mit etwas Olivenöl oder flüssiger Butter und lassen sie für ca. 30 Minuten im auf 200° vorgeheizten Backofen bräunen. Gerne einmal wenden!

✳ Die Kerne lassen sich ausgekühlt in Schraubgläsern aufbewahren.

Die Übung
Vorsatz für das nächste Jahr – einen Kürbis züchten

Warten Sie mit dem Einsetzen der Kürbissamen, bis die Eisheiligen gegen Mitte Mai – und mit ihnen der letzte Frost – vorüber sind. Kürbisse brauchen viele Nährstoffe, in unmittelbarer Nähe eines Komposthaufens gepflanzt, wachsen sie prächtig. Soll Ihr Kürbis in einem großen Blumentopf heranwachsen, tun es aber auch Komposterde, Hornspäne oder Blaukorn als zusätzlicher Dünger. Ansonsten mag's der Kürbis sonnig bis halbschattig, sollte vor Schnecken verteidigt und

gegossen werden, wenn es allzu trocken wird. Kürbisse sind zwitterblütig (sie haben männliche und weibliche Blüten) und damit selbstbestäubend. Eine weibliche Blüte erkennen Sie daran, dass sie bereits einen Mini-Kürbis angelegt hat. Sorten gibt es unendlich viele. Unter den Speisekürbissen ist der Hokkaido Liebling der Köche; er lässt sich leicht schneiden und seine Schale kann mitgekocht und mitgegessen werden. Falls Sie *mindestens* fünf Quadratmeter Ihres Gartens entbehren können, ist möglicherweise auch ein Riesenkürbis das richtige Sommerprojekt für Sie. Besonders bewährt ist hierfür die Sorte »Atlantic Giant«. Um einen Riesenkürbis heranzuziehen, dürfen nicht zu viele – höchstens zwei – Kürbisse an der Pflanze wachsen: Entfernen Sie also alle weiteren Blüten und schneiden Sie die Triebspitzen nach etwa drei Metern ab. Ein Holzbrettchen schützt den heranwachsenden Kürbis vor Bodenkälte und Fäulnis.

Noch ein kleiner Anreiz: Der Weltrekord für den schwersten Kürbis liegt derzeit bei 824,86 kg!

Grandhotel!

> Wir wohnten im ›Grand-Hotel‹, manchmal, wenigstens
> in den Ferien, meinte sie, müsse man so leben, wie es
> einem gemäß sei.
>
> Elias Canetti

Von besseren Absteigen

Kein Zweifel: Die Epoche der Grandhotels ist vorbei. Die Zeiten, in denen es in jeder größeren Stadt ein erstes Haus am
Platz gab, das seine Tore zu einer ganz besonderen, polierten
Welt öffnete, mit respektablen Direktoren und flinken Liftboys,
väterlichen Concierges und flamboyanten Gästen. Dieses Flair
lässt sich heute meist nur noch erlesen, zum Beispiel in Vicki
Baums *Menschen im Hotel* (1929) oder Thomas Manns *Bekenntnisse
des Hochstaplers Felix Krull* (1954). Längst haben große Hotelketten,
Business- und Airport-Hotels, Wellness-Retreats und Design-
Motels die Bühne übernommen. Die moderne Hotellandschaft
hat sich gegen die unrentablen, großen Grandhotels durch-
gesetzt. Aber: Auch ein heruntergekommenes Grandhotel ist
besser als ein seelenloser Neubau und mittlerweile beinahe
erschwinglich. Ein Grund mehr, sich für ein Wochenende in
einen der stolzen Dinosaurier der Hotellerie zu begeben, sich
dort in ein viel zu großes Bett fallen zu lassen und dem leisen
Summen der häuslichen Betriebsamkeit zu lauschen. Denn
ein Zimmer im Grandhotel, das ist nicht einfach eine Schlaf-
gelegenheit in einer fremden Stadt. Nein, ein erstklassiges Haus
besucht man um seiner selbst willen, weil sich die interessan-

testen und angenehmsten Dinge dort abspielen. Das beginnt schon bei der Lage. Eine andere Adresse als das Stadtzentrum ist für ein Grandhotel nur denkbar, wenn es sich inmitten außerordentlicher Naturschönheiten befindet, im schottischen Gleneagles etwa oder mit Blick auf Schweizer Luxusberge. Dann das Personal. Nicht nur gibt es mehr Angestellte, als für einen reinen Übernachtungsbetrieb nötig wären. Sie zeichnen sich noch dazu dadurch aus, dass sie den Gast auf angenehmste Weise das hohe Niveau des Ortes spüren lassen: mit erstklassigen Umgangsformen, Charme und spürbarem Stolz auf ihr Haus. Luxus ist natürlicher Bestandteil eines Grandhotels. Dieser macht sich nicht zwingend in Form von modernster Ausstattung bemerkbar. Vielmehr äußert er sich in der Größe der Zimmer oder in der Aufmerksamkeit des Personals, das die Sonderwünsche der Gäste über Jahre hinweg nicht vergisst. Ausgezeichnet essen und trinken gehört zu einem Wochenendausflug ins Grandhotel so selbstverständlich wie eine angemessene Garderobe, denn als Gast fügt man sich gerne in den glänzenden Gesamtauftritt des Hotels ein. Flanieren Sie durch die Lobby und beobachten Sie bei einem Glas Champagner die Betriebsamkeit am Tisch des Concierge. Gehen Sie spätabends in die Bar und schauen, wer sich dort die Zeit vertreibt. Lassen Sie sich Karten fürs Theater besorgen und das Frühstück aufs Zimmer bringen. Hauen Sie ein bisschen auf den Putz! Aber mit Stil. Und dann fahren Sie beschwingt wieder nach Hause. Denn genießen kann man ein schönes Hotel nur, wenn es nicht von Dauer ist …

Grandhotels:

The Savoy, London ★ The Waldorf Astoria, New York ★
The Peninsula, Hongkong ★ Hotel Imperial, Wien ★
Ritz, Paris ★ Bayerischer Hof, München ★ Adlon, Berlin ★
Grand Hotel, Stockholm ★ Baur au Lac, Zürich ★ Hassler,
Rom

Das Rezept
Falsche Sachertorte

Die Zutaten:

180 g Schokolade	1 Prise Salz
6 Eiweiß	6 Eigelb
150 g Zucker	180 g Mehl
180 g weiche Butter	200 g Kuvertüre
150 g Puderzucker	50 g Kokosfett
1 Päckchen Vanillezucker	100 g Aprikosenmarmelade

Und so geht's:

Für den Tortenboden:

✱ Die Schokolade schmelzen; Eiweiß und Zucker zu Schnee
  schlagen.
✱ Butter schaumig rühren, Puderzucker, Vanillezucker, Salz
  und die geschmolzene Schokolade dazugeben.
✱ Nach und nach die Eigelbe unterrühren.
✱ Eischnee und Mehl vorsichtig mit dem Schneebesen unter-
  heben.
✱ Den Teig in eine gefettete und bemehlte Springform
  füllen, bei 170°-180° Ober-Unterhitze ca. 45 Minuten

backen. Nach 10 Minuten aus der Springform nehmen und auskühlen lassen.

Für die Glasur:

✳ Die Kuvertüre hacken und mit dem Kokosfett im Wasserbad schmelzen, gut verrühren. Darauf achten, dass kein Wasser in die Schokolade gelangt!

✳ Auf Körpertemperatur abkühlen lassen.

Für die Torte:

Währenddessen den Tortenboden halbieren und die untere Hälfte mit erwärmter Aprikosenmarmelade bestreichen. Wieder zusammensetzen, auch den oberen Boden mit Marmelade bestreichen und auf eine Tortenplatte heben. Zum großen Finale mit der Schokolade glasieren.

So steht's geschrieben

»Es war tatsächlich in einem Anfall von Größenwahn, als ich den Entschluß faßte, im Riviera Splendid Palace (sprich Pälläß) abzusteigen. Ich muß gestehen, der Name hatte es mir angetan. Ich war der Suggestion dieser drei Worte rettungslos verfallen. Ich bitte Sie: Riviera Splendid Palace (sprich Pälläß), klingt das nicht grandios, überwältigend? Lösen diese drei Worte nicht Vorstellungen von etwas ganz Fabelhaftem, Märchenhaftem bei Ihnen aus?«

Hermann Harry Schmitz, *Im Riviera Splendid Palace oder Mein Debüt als Hoteldieb,* 1909

Sammeln!

Wir suchen überall das Unbedingte, und finden immer
nur Dinge.

Novalis

Vom Finderglück

Etwas zu finden, wo andere nichts finden, und es dann in die
eigene Höhle zu schleppen, um es dort zu bestimmen, zu bewundern oder auch nur aufzuessen, das ist tief in uns verankert. Der eine fühlt die Schwingungen der Jäger- und Samm-
lerseele deutlicher als der andere, aber der Ur-Reflex ist bei
allen vorhanden – auch wenn es sich nur um Gutscheine oder
Online-Schnäppchen handelt. Richtige Sammler werden oft
belächelt, weil Außenstehende für deren Akribie und Leidenschaft nur wenig Verständnis haben. Dabei löst nichts in uns
so zuverlässig Spannung, Glücksgefühle und Zerstreuung aus
wie die Beschäftigung mit einem Sammelgebiet, die Jagd nach
etwas Seltenem und das Aufstöbern von Dingen, die uns vermeintlich fehlen. Eine gute Sammlung ist immer unvollständig
und beschäftigt ihren Sammler bis ans Lebensende. Es muss
aber gar nicht die Münzenkollektion sein. Schon das Sammeln
von Walderdbeeren oder Bärlauch, die Suche nach Pilzen oder
Versteinerungen macht aus einem langweiligen Sonntagsspa-
ziergang eine Schatzsuche und einen kleinen Wettbewerb. Wer
findet das schönste Blatt, wer die meisten unterschiedlichen
Kräuter? Ein Bestimmungsbuch und ein gutes Auge reichen oft
schon aus und nicht selten entsteht aus einem zufälligen Bern-

steinfund oder der Entdeckung einer kleinen Radierung beim Trödelhändler ein neues Hobby. Am besten kann man Sammelunwillige im Familien- und Bekanntenkreis motivieren, wenn die Aussicht besteht, das Gesammelte auch essen zu können. Wenn am Ende ein saftiger Birnenkuchen winkt, wird die Aufmerksamkeit für vergessene Obstbäume am Waldrand gleich viel größer oder die Schüssel mit gepflückten Beeren schneller voll. Der eigentliche Trick beim Sammeln ist, dass man den Dingen, an denen andere achtlos vorübergehen, eine Wertigkeit verleiht. Und das dient nicht nur zur eigenen Unterhaltung – sondern verhilft mitunter auch zu einem gefüllten Kühlschrank.

Die Übung
Mundraub begehen

Die Homepage www.mundraub.org verzeichnet weltweit Bäume und Sträucher, die – einst vor allem in der ehemaligen DDR zur Selbstversorgung angepflanzt – verwildert im städtischen Raum stehen. Im Zweifelsfall sollten Sie vor dem Abernten am nächsten Haus nachfragen. Es ist vielleicht nicht immer die ertragreichste Sorte, aber Spaß macht es doch.

Merken Sie sich, wo die besten Apfelbäume stehen, und sammeln Sie im nächsten Frühjahr Blüten für einen ganz besonderen Honig!

Die Anleitung
Eine Papiertragetüte falten

Man braucht:
Ein Blatt Papier, besonders ländlich sieht braunes Packpapier aus (DIN A4 gibt eine kleine Tüte für eine Handvoll Beeren).

1. Die Längsseiten so zur Mitte falten, dass sich die Enden in der Mitte etwa 1 cm überlappen. Dort zusammenkleben.

2. Das untere Ende etwa 5 cm umfalten und wieder auf- klappen. Die unteren Ecken bis zur vertikalen Mittellinie umfalten, wieder öffnen. Die Ecken nach innen ein- schlagen. Die Enden übereinanderlegen und festkleben. Etwas trocknen lassen.
3. Die Seitenränder 1-2 cm umschlagen, die Tüte öffnen und die Seitenfalze nach innen falten.
4. Zum Verschließen die Öffnung einfach umfalzen. Oder die Öffnung umschlagen, mit dem Locher zwei Löcher hineinstanzen und ein Band oder eine Schnur durchziehen.

Das Rezept

Apfelblütenhonig

Die Zutaten:
2 Tassen Honig
2 Tassen Apfelblüten

Und so geht's:

- Einen hohen Topf mit Wasser füllen und zum Köcheln bringen.
- Die Apfelblüten und den Honig in ein trockenes Schraubglas füllen und zuschrauben.
- Topf vom Herd nehmen, das Glas hineinstellen und 10-15 Minuten im heißen Wasser durchziehen lassen.
- Das Glas herausnehmen und eine Woche an einem dunklen Ort ruhen lassen.
- Nach einer Woche die Apfelblüten absieben und den Honig zurück ins Glas füllen.

So steht's geschrieben

»Anne Marie trieb allerhand Tollheiten und Schelmereien mit ihm. Anfangs wehrte er sich gegen ihre Ausfälle, unterlag aber bald ihrem Zauber, nur die Purzelbäume schoß er nicht, und auch das Kneippsche Barfußgehen lehnte er ein- für allemal ab. Im Schweiße seines Angesichts aber und in Hemdärmeln mußte er graben, dem kleinen Heinz an seiner Sandburg bauen helfen. Einmal zwang sie ihn sogar, Blaubeeren, nicht nur zu sammeln, sondern sie auch zu essen. Auf die blauen Lippen war es abgesehen. Er bekam aber keine blauen Lippen, was sie für Taschenspielerei erklärte.«

Hedwig Dohm, *Christa Ruland*, 1902

Einmachen!

Ich lege die gedruckte Anweisung über das hier beliebte
Einkochen bei. Der genau auf den Gummirand gelegte
Glasdeckel (früher Blechdeckel) wird von der verdünn-
ten Luft im Glase angezogen und festgehalten, ohne daß
noch ein Schraubenverschluß nöthig ist.

Wilhelm Busch, *Brief an Johanna Keßler*

Von der Kunst des Konservierens

Vorratsschrank, Weckgläser, Rumtopf – alles Begriffe aus
einer scheinbar vergangenen Zeit. Für die Großeltern war es
noch eine Selbstverständlichkeit, Früchte und Gemüse einzu-
machen und sie so ganz ohne Tiefkühltruhe einfach im Keller
zu überwintern. Die Erinnerung an Hunger und Notzeiten
lag nah, und Supermärkte und Rundumversorgung gehörten
noch nicht zu den Annehmlichkeiten des Alltags. Unsere El-
terngeneration, die dann im friedlichen Wirtschaftswunder-
Deutschland erwachsen wurde, hatte hingegen nicht mehr
viel Verwendung für Gelierzucker und Co. Wozu einmachen,
wenn alles jeden Tag verfügbar ist? Lebensmittelskandale,
weltweite Krisen und eine allgemeine Hinwendung zum Einfachen und Authentischen bringen vielen Menschen den Vorratsschrank heute wieder näher, bestückt mit möglichst vielen
Leckereien, die aus dem eigenen Garten kommen oder zumindest selbst abgefüllt wurden. Denn auch ohne die dringende
Notwendigkeit, Lebensmittel haltbar machen zu müssen, ist
das Einkochen und Konservieren eine schöne Aufgabe für alle

Menschen, die sich gerne mit Essen beschäftigen. Und es ist beinahe die einzige Möglichkeit, ein Stück Sommer bis in die dunklen Monate zu retten, das weiß jeder, der schon einmal ein Glas Himbeermarmelade geöffnet hat, während draußen Minusgrade herrschten. Es muss aber keineswegs immer nur Marmelade und Gelee sein, nahezu alles, was im Garten wächst, lässt sich auf die eine oder andere Weise für später

aufheben, ob getrocknet, als Relish, in Essig oder Öl. Als Nebeneffekt erhält man wunderschöne kleine Geschenke, die viel persönlicher sind als jede Pralinenschachtel. Ein bisschen Arbeit muss man sich zwar machen, aber an einem Wochenende schafft man mehr als gedacht. Fragen Sie doch auch Ihre Großmutter, sie weiß bestimmt noch den einen oder anderen Trick aus der guten alten Zeit.

Das Rezept
Zucchini-Relish

Die Zutaten:

1 ½ kg Zucchini	1 ½ EL scharfer, körniger Senf
500 g Zwiebeln	1 ½ EL Currypulver
3-4 TL Salz	1 ½ EL Paprikapulver
500 g Zucker	½ EL Cayennepfeffer
500 ml Apfelessig	2 EL Mehl

Und so wird's eingemacht:

✽ Zucchini und Zwiebeln hobeln, mit dem Salz vermischen und über Nacht durchziehen lassen. Nun die Raspeln ausdrücken und die Flüssigkeit abgießen.

✽ Zucker, Apfelessig und Senf hinzugeben und die Mischung ½ Stunde köcheln lassen.

✽ Die Masse mit den Gewürzen abschmecken und mit dem Mehl binden, anschließend weitere 10 Minuten köcheln lassen.

✽ Das Relish noch heiß in ausgekochte Schraubgläser abfüllen, auf dem Deckel stehend abkühlen lassen.

✻ Dieses leckere Zucchini-Relish ist etwa ein halbes Jahr haltbar und passt mit seinem süß-würzigen Geschmack gut zu gebratenem Fleisch und Fisch.

So steht's geschrieben

»Wahr ist's, solch ein Haushalten im Großen und Ganzen hatte seine Reize. Es lag ein Vergnügen in dem weiten Voraussorgen, wenn man die Mittel hatte, ihm zu entsprechen. Die gefüllten Speisekammern und Keller mit ihren Steintöpfen, Fässern, Kasten und Schiebladen waren hübsch anzusehen. Das Backobst auf den Schnüren, der Majoran und die Zwiebeln verliehen, im Verein mit den Gewürzen, der Speisekammer einen prächtigen Duft, das aussprossende Gemüse in den Kellern roch vortrefflich. Man hatte ein Gefühl des Behagens, wenn nun Alles beisammen war. Nun konnte der Winter in Gottes Namen kommen!«

Fanny Lewald, *Meine Lebensgeschichte*, 1861/62

Tanzen!

Es gibt Abkürzungen zum Glück, Tanzen ist eine davon.
Vicki Baum

Vom Drehen und Wenden

Das waren noch Zeiten, als das Tanzen der erste Schritt war, um, wenn nicht die Liebe, dann doch zumindest den Mann fürs Leben zu finden. Als es noch Tanzkarten gab und die Schuhe eines Mädchens durchgetanzt wurden. Zum Glück tragen Männer heute andere Hosen als anno dazumal, und es gibt noch andere Gelegenheiten, an einen Mann zu kommen, als auf einem Ball. Obwohl: Damals war das Tanzen eine Art offiziell anerkanntes Speeddating, und man konnte gleich feststellen, mit wem man nicht weiter durchs Leben tanzen wollte. Heutzutage ist die Tanzschule für die meisten eine Jugenderinnerung der Kategorie »Oje!«, weil sie doch meist in einem Alter absolviert wird, in dem man nicht unbedingt mit sich, seinen Gliedmaßen und den Tanzpartnern im Reinen ist. Also wird das Tanzen sehr schnell im »Pubertät & Peinlich«-Ordner abgeheftet – mit Ausnahme des einen Prozents des Bekanntenkreises, das sich enthusiastisch bis zur Turnierwürde tanzt.

Irgendwann aber taucht es wieder auf, das Tanzen. Spätestens wenn die ersten Hochzeitseinladungen eintrudeln oder die eigenen verschickt werden, erinnert man sich vage an die Verpflichtung, zumindest einen Walzer unfallfrei aufs Parkett zu legen. Und spätestens dann sind wir unseren Müttern dankbar, dass sie uns in den Tanzkurs gezwungen haben, denn Walzertanzen verlernt man zum Glück fast nie. Sieht man bei diesen Gelegenheiten alte Paare, die sich ganz innig drehen, ist das ein rührender und schöner Anblick, der uns daran erinnert, dass Tanzen auch unverkrampft sein kann und etwas mit Liebe zu tun hat.

Es ist nicht wichtig, viele Tänze zu beherrschen. Es reicht schon, einen richtig draufzuhaben, für die eine besondere Situation, die bestimmt irgendwann kommt. Ob das nun ein Wiener Walzer links herum oder eine perfekte Beastie-Boys-Choreographie, ein schmachtender Tango oder ein Robotertanz ist: Sich einmal richtig gut zur Musik zu bewegen ist nicht zu viel verlangt. Lassen Sie sich an einem besonders verregneten Wochenende einen Tanz beibringen! Entweder in einer Tanzschule oder bei den Bekannten, von denen das Gerücht umgeht, dass sie das Tanzbein bis zum Goldabzeichen geschwungen haben. Nach Theorie und Training folgt dann die Praxis: Gehen Sie Samstagabend tanzen! Verabreden Sie sich mit Freunden und selbst wenn Ihnen das sonst zu albern, die Mitfeiernden zu jung, die Musik zu dumm ist: Wenigstens ein Lied wird mitgetanzt. In der Ecke stehen kann jeder. Nicht überzeugt? Genau so, wie man allein in der Badewanne singen kann, kann man auch ganz allein für sich tanzen, wenn ausgerechnet dieses eine Lied läuft, bei dem man nicht ruhig stehen kann. Warten Sie nicht darauf, sondern legen Sie gleich die Musik auf, die Sie beschwingt. Alleine durch die Wohnung zu tanzen ist bestimmt das Schönste, Irrationalste und Sportlichste, was Sie diese Woche erlebt haben.

Die Übung
Einen Foxtrott lernen

Man braucht:
Musik im ¼-Takt und eine Dame bzw. einen Herrn
nach Wahl

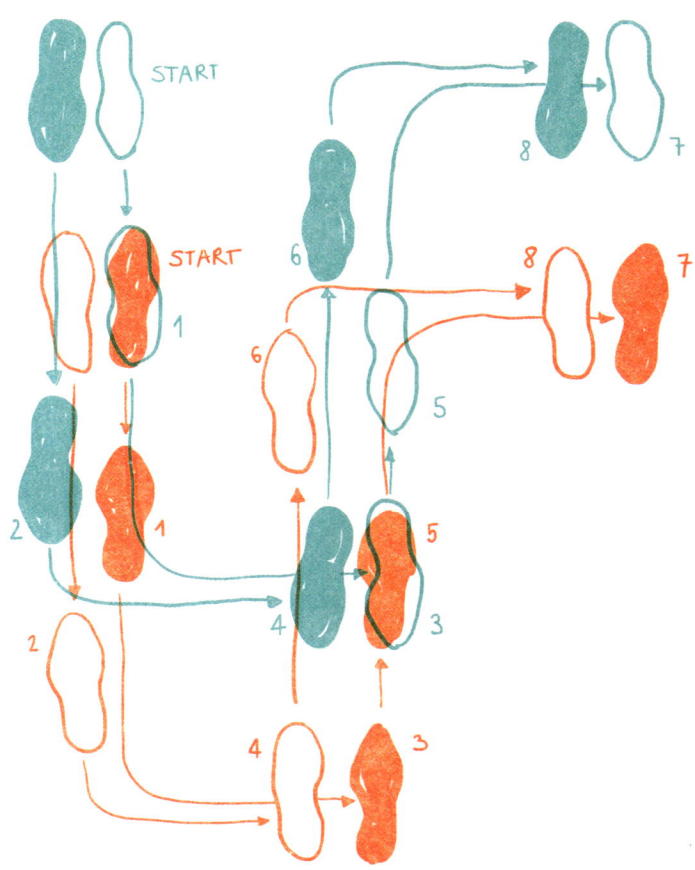

So steht's geschrieben

»Ich bin immer glücklich (im Freien, versteht sich, denn drinnen sind die Dienstboten und die Möbel), aber auf ganz unterschiedliche Weise, und mein Frühlingsglück ähnelt nicht meinem Sommer- oder Herbstglück, ist auch nicht stärker; im letzten Winter gab es sogar Tage, wo ich trotz meines Alters und meiner Kinder vor lauter Freude im Garten tanzte. Natürlich hinter einem Busch, denn ich weiß, was sich gehört.«

Elizabeth von Arnim, *Elizabeth und ihr Garten*, 1898

Freunde!

Ich sehe nicht ein, weshalb eine Freundschaft zwischen
Mann und Frau, und ich sage ausdrücklich, auch
zwischen einem jungen Mann und einer jungen Frau,
unmöglich sein soll.
　　　　　Wilhelm Wiesebach, *Er und Ich*, 1916

Vom Nichtalleinesein

In Zeiten virtueller Freundschaften und digitaler Netzwerke
wird viel über echte Freunde sinniert, was sie ausmacht und
wie man sie erkennt. Definition gibt es keine, das eigene Bauch-
gefühl ist und bleibt der beste Indikator dafür, wer einem
nah am Herzen steht. Sicher ist, dass von den vielen Menschen,
die man in seinem Leben trifft, nur wenige zu Freunden werden. Und nur die wenigsten werden zu guten Freunden, die
einen über lange Lebensabschnitte oder gar das ganze Leben
begleiten. Freunde sind wichtig, eben weil sie nicht Familie
sind. Sie hören anders zu, geben andere Ratschläge und sind
besonders dann eine Stütze, wenn Eltern oder Partner ausfallen.
Außerdem kann man sich seine Freunde aussuchen und die
Intensität der Freundschaft selbst bestimmen. Wie oft aber
denkt man eigentlich bewusst über Freunde und Freundschaften nach, über die Menschen, die einem am nächsten stehen?
Diese Mühe wird gern vernachlässigt, und man merkt mitunter erst zu spät, wenn man eine Freundschaft nicht genug ge-
pflegt hat – weil man zu beschäftigt war, sich die Städte oder
auch nur Telefonnummern geändert haben, weil die Liebe da-
zwischenkam oder der Job. Das sind alles gute Gründe, um

ein paar Bekannte aus den Augen zu verlieren, aber Freunde sollte man sich dadurch nicht entgehen lassen. Warum also nicht ein Wochenende diesen Menschen widmen, sie anrufen, den ganzen Nachmittag telefonieren, sich erkundigen, nachfragen, lachen, sich verabreden, ein Gespräch ohne akuten Anlass führen – das macht ohnehin nur mit Freunden richtig Spaß.

Es ist kein Geheimnis, dass es mit zunehmendem Alter, eigentlich schon jenseits der Pausenhöfe, schwieriger wird, neue Freundschaften zu schließen. Lassen Sie sich davon aber nicht abschrecken und starten Sie zumindest den Versuch, aus einer netten Bekanntschaft etwas Größeres zu machen, wenn Ihnen danach ist. Denn die zwei Freunde aus Schultagen, die Sie noch haben, sind zwar etwas Schönes, aber sie reichen nicht. Das Leben wird in unseren Rettungsring aus Freunden noch genug Löcher reißen, und nichts ist schlimmer, als eines Tages festzustellen, dass da niemand mehr ist, den man um Rat, Trost oder Hilfe bitten könnte. Deshalb investieren Sie ein Wochenende lang in Ihre Freunde, das ist eine langfristige Anlage!

Das Rezept
Schokoladenkuchen im Glas für Freunde in der Ferne

Schicken Sie statt einer SMS doch mal einen Kuchen an einen Freund in der Fremde – zum Geburtstag, zum Einzug oder einfach so.

Die Zutaten:
Die Menge reicht für zwei Kuchen im Glas, einen behalten Sie selbst!

120 g Mehl
½ TL Backpulver
225 g Zucker
Eine Messerspitze Zimt
75 g Butter
60 ml Wasser
3 EL Kakao

60 ml Milch
1 Spritzer Zitronensaft
1 Ei
½ ausgekratzte Vanilleschote
30 g gehackte Walnüsse
oder Mandeln

Und so geht's:

* Zwei Einkochgläser mit Aluminiumdeckel und Ring oder einfache Marmeladenschraubgläser (mit etwa ½ Liter Fassungsvermögen) mit kochendem Wasser auswaschen, auch den Deckel mit kochendem Wasser sterilisieren.

* Den Ofen auf 165° (Ober-Unterhitze) vorheizen.

* Mehl, Backpulver, Zucker und Zimt vermischen.

* In einem Topf Butter, Wasser und Kakao vermischen und bei kleiner Hitze rühren, bis die Butter geschmolzen ist und das Ganze eine homogene Masse ergibt.

* In einer großen Schüssel alles miteinander vermengen; Milch, Zitronensaft, Ei und Vanillemark hinzugeben und zu einem glatten Teig verrühren. Nüsse hinzugeben.

* Gläser leicht fetten und mit Semmelbrösel oder gemahlenen Nüssen ausstreuen. Den Teig in den Gläsern verteilen.

* Auf der mittleren Schiene etwa 35 Minuten backen. Stäbchenprobe!

* Kuchen herausholen, Deckel drauf und beobachten, ob sich ein Vakuum bildet. Das erkennt man daran, dass es knackt und sich der Deckel leicht nach innen wölbt. Wenn dieser bei Daumendruck nicht nachgibt, ist der Kuchen verschlossen und kann ab in die Post.

Die Aufgabe

Einen abgebrochenen Freundschaftskontakt wiederauf-
nehmen. Jetzt, sofort! Ohne lange zu überlegen.

So steht's geschrieben

»Zwei Männer kenne ich auf der Welt; wenn ich bei denen
nachts anklopfte und sagte: Herrschaften, so und so … ich
muß nach Amerika – was nun? Sie würden mir helfen. Zwei –
einer davon war Karlchen. Freundschaft, das ist wie Heimat.
Darüber wurde nie gesprochen, und leichte Anwandlungen
von Gefühl wurden, wenn nicht ernste Nachtgespräche statt-
fanden, in einem kalten Guß bunter Schimpfwörter erstickt.
Es war sehr schön.«

Kurt Tucholsky, *Schloß Gripsholm*, 1931

Trimm dich!

Man kann nur *genial* turnen oder gar nicht! Alles andere
ist Selbstbetrug!

Peter Altenberg

Von allerlei Bewegung

Läuft Ihnen womöglich gerade ein nostalgischer Schauer über
den Rücken? Bei dem angestaubten Ausdruck »Trimm dich«
kein Wunder, schließlich handelt es sich um eine der schlim-
meren Erfindungen der 1970er-Jahre, die heutzutage nahezu
als ausgestorben gilt, nachdem auch die dazugehörigen Pfade
meist in Kardio-Fit-Walks oder dergleichen umgewandelt
worden sind. Selbst wenn all das weit zurückliegen mag, ge-
turnt wurde schon in der Antike. Die alten Griechen hielten
sich üblicherweise leichtbekleidet und hopsend im Freien
auf, warfen Speere und stählten ihre Muskeln, um später den
Bildhauern Modell zu stehen. Viel später wurde dann mit
Turnvater Jahn erst die Ertüchtigung und hundert Jahre danach auch der Spaß am Sport wieder zum Allgemeingut –
in einem Ausmaß, dass man als Sportmuffel oder bekennen-
der Nichtsporttreiber heute zur erklärten Minderheit gehört.
Dabei ist es absolut in Ordnung, sich im Fitnessstudio nicht
wohlzufühlen, und auch, sich den Horden an Joggern und
Rennradlern nicht anschließen zu wollen.

Dennoch ist es wichtig, sich über Sport Gedanken zu machen: Dank dem Komfort einer modernen Großstadt bewegen
wir uns nämlich zu wenig in unserem Leben zwischen Büro,

Herd und Sofa und ernähren uns dabei viel zu energiereich. Dass Bewegung also zu einem gesunden Leben dazugehört, ist unumstritten, dass man dafür aber nicht zwangsläufig bunt verkleidet in die Welt der Umkleidekabinen und Startnummern eintreten muss, das soll uns dieses Wochenende zeigen. Um die überschüssige Energie des modernen Lebens abzubauen, reicht es schon, sich viel zu bewegen, und das meint im Alltag vor allem: gehen, laufen, hüpfen, radeln, klettern, Purzelbäume schlagen, winken, Treppen steigen, bücken, beugen, strecken. Zum Auftakt verbieten Sie sich das ganze Wochenende lang jegliche Fortbewegung, die Sie nicht persönlich erzeugen, und zählen Ihre Schritte (siehe unten). Es muss fünfstellig werden! Steigen Sie eine U-Bahn-Station später ein oder warten Sie gar nicht erst auf den Bus, unsere Körper sind zum Gehen gemacht! Wenn Ihnen diese sanfte Fitness nicht ausreichend erscheint, dann probieren Sie ruhig die Sache mit dem Sport in heimischer Kulisse – es gibt heute sehr moderne und ansprechende Videos, die süchtig nach Pilates und Co. machen. Auch ein Blick auf YouTube lohnt sich. Suchen Sie so lange, bis Sie einen vertrauenswürdigen Trainer gefunden haben, und dann: Klick und hopp!

Die Übung
10 000 Schritte gehen

Wozu das gut sein soll? 10 000 Schritte pro Tag sind die ideale sportliche Betätigung, sie machen fit, gesund, verbrennen Kalorien und beugen Krankheiten wie Bluthochdruck, Übergewicht und Altersdiabetes, Herzinfarkt, Osteoporose und Krebs vor. Klingt doch verlockend!

Und so geht's:

1. Besorgen Sie Schrittzähler für die ganze Familie.
   Das hilft, motiviert und man ist nicht den ganzen Tag
   mit Zählen beschäftigt. (Gibt's übrigens auch als App
   fürs Smartphone!)

2. Messen Sie Ihre Schrittlänge. Steigen Sie dafür mit beiden
   Füßen in eine Pfütze, gehen Sie danach einige Schritte in
   normalem Tempo und messen Sie Ihre Abdrücke. Der
   Abstand von Ferse zu Ferse ist Ihre Schrittlänge. Stellen
   Sie nun Ihren Schrittzähler danach ein.

3. Zählen Sie einen Samstag lang Ihre Schrittzahl.
   Achtung: Seien Sie auf einen kleinen Schrecken gefasst!
   Die wenigsten von uns schaffen an einem gewöhnlichen
   Tag 10 000 Schritte – es sei denn, Sie sind Postbote.
4. Der Sonntag ist zum Optimieren da. Versuchen Sie die
   10 000 voll zu machen. Fehlende Schritte kann man
   auffüllen: Treppen steigen, spazieren gehen oder eine
   halbe Stunde Fahrrad fahren!

So steht's geschrieben

»Der Sandow-Apparat – wo ist der Sandow-Apparat? Er liegt
auf dem Boden. Das Mädchen soll ihn morgen herunterholen.
Von morgen ab fange ich wieder an, regelmäßig jeden Morgen
zu turnen. (›Wieder‹ – denke ich deshalb, weil ich mir das
schon so oft vorgenommen habe.) Und fünfzig Kniebeugen,
wenn ich fleißig trainiere, kann ichs mit Leichtigkeit auf hundert bringen. Ich war doch ein sehr guter Turner, seinerzeit –
wenn ich nicht gerade dispensiert war. Na ja, aber heute ist das
ja ganz was anderes.«   Kurt Tucholsky, *Neues Leben*, 1926

Archivieren!

Jeden zweiten Sonntag im Monat wird der Schreibtisch
schon frühmorgens aufgeräumt, alles liegt sauber da, die
Bücher stehen angetreten, die Zettel sind eingesperrt,
alles zu Haus?

Peter Panter, *Korrespongdanx*, 1929

Vom Festhalten

Das Archivieren gehört unbedingt zu den Dingen, die man
gerne bis ins Unendliche aufschiebt: einkleben, sortieren, beschriften, sichten, ablegen. Das gilt für vielerlei Dinge, von
Fotos über Notizen hin zu Briefen und wichtigen Dokumen-
ten. All das scheint nie so dringend, als dass man es unbedingt
jetzt in Angriff nehmen müsste. Obwohl man ahnt, dass man
es irgendwann bedauern wird. Vielleicht ist derlei Alltagsauf-
arbeitung aber auch einfach zu nahe an der Steuererklärung
und deswegen den meisten Menschen grundsätzlich zuwider.
Papierkram, auch wenn er von Herzen kommt, bleibt Papierkram. Leider hat er die unangenehme Eigenschaft, weiterzu-
wuchern und immer unzugänglicher zu werden, je länger man
ihn nicht beachtet. Was also passt besser zu einer längst not-
wendigen Inventur in eigener Sache als ein graues Wochenende? Die Devise: Geordnete Verhältnisse schaffen, Ordner-
rücken bekleben und viel Schreibtisch-Treibgut entsorgen. Besonders trügerisch sind die digitalen Speicher, die wir mittlerweile alle führen, meist erzwungenermaßen und ohne besondere Hingabe. Fotos, die seit Jahren auf der Speicherkarte

der Kamera gesammelt werden, gehören rigoros auf ihre weitere Bedeutsamkeit geprüft. Aber selbst ihr Umzug auf die Festplatte ist noch nicht genug. Suchen Sie sich zwanzig Bilder aus jedem Jahr und schicken Sie sie sofort an einen der zahllosen Online-Entwicklungsanbieter. Tun Sie es! Viel zu schnell ist der Computer veraltet, die Systeme erneuert oder kollabiert, und dann ist von der jahrelangen Knipserei nichts geblieben außer einer Fehlermeldung. Freuen Sie sich auf die Post mit einem Umschlag voller echter Papierbilder und sammeln Sie diese fast schon altmodischen Erinnerungen in einem schönen Leporello (siehe unten). Für Kinderzeichnungen, Liebesbriefe und erhaltene Postkarten können Sie je nach Gusto eigene Modi Conservandi finden. Sicher ist im Endeffekt, dass die beiden Extreme »alles behalten oder gar nichts« bestimmt nicht die besten Lösungen sind. Am Ende dieses Wochenendes haben Sie Ihre Brieftasche um ein halbes Pfund Quittungen leichter gemacht, die Schreibtisch-Schublade und den Ordnerschrank aktualisiert, Ihren Festplatten neue Namen gegeben – und vielleicht finden Sie sogar heraus, wo sich Ihr Impfpass all die Jahre versteckt hat!

Die Anleitung
Ein Leporello basteln

Damit verwandeln Sie die digitalen Archive in greifbare Erinnerung.

Für 14 Fotos à 10 × 15 cm braucht man:
einen großen Bogen schwarzes Tonpapier, 70 × 100 cm
3 mm dicke Pappe
etwas Leim mit Wasser angerührt
festes Geschenkpapier
Stoffband: 80 cm lang (z. B. schwarzes Satinband)

Und so geht's:

1. Aus der Pappe zwei 12 × 17 cm große Rechtecke ausschneiden.
2. Das Geschenkpapier in zwei 18 × 23 cm große Stücke schneiden.
3. Die beiden Papierstücke mit Leim bestreichen, die beiden Pappen jeweils mittig darauflegen, die Ränder umschlagen und festdrücken.
4. Das Stoffband in zwei gleich lange Stücke schneiden.
5. Mit einem Cutter-Messer mittig an beiden Seiten jeder Pappe einen Schnitt parallel zur Kante setzen, etwas breiter als das Stoffband.
6. Je ein Band durch den Schnitt fädeln und das kurze Ende an der Innenseite festkleben.
7. Aus dem Tonpapier einen 16,5 × 92 cm langen Streifen schneiden und diesen im Abstand von 11,5 cm abwechselnd nach vorn und nach hinten falten – wie eine Ziehharmonika.
8. An den Anfang und das Ende dieser Ziehharmonika die Pappen kleben.

So steht's geschrieben

»Mit einem Worte, das ganze Zimmer bezeuge den Ordnungssinn seiner Bewohner und erlaube es ihnen, ohne sich geniren zu müssen, jederzeit einen Fremden darin empfangen zu können.

Wer am Schreibtische beschäftigt war, lege seine Schreibereien zusammen, ehe er aufsteht. Wer eine Näherei oder Schreiberei vornahm, räume alle die dazu gebrauchten Sachen in einen Korb, ehe er das Zimmer verläßt. Es ist weit leichter ein Zimmer hübsch zu ordnen, als es auch den Tag über in diesem guten Zustande zu erhalten und es ist dieses nur zu erreichen, wenn das Geschäft des Aufräumens ununterbrochen fortgesetzt wird. Dazu muß jeder einzelne das Seinige thun und sich nicht gestatten, dieses oder jenes aus Bequemlichkeit liegen zu lassen in der Absicht, später das Versäumte nachzuholen.«

Anna Kistner, *Schicklichkeitsregeln für das bürgerliche Leben*, 1886

Schreiben!

Ich habe den ganzen Tag gearbeitet. Am Abend hatte ich
zehn Verse gemacht und eine Flasche Schnaps getrunken;
sie hatte einen Liter Milch getrunken und ein halbes
Buch geschrieben.

Alfred de Musset über George Sand

Vom Zeichen setzen

Das Schreiben zählt zu den schönen Künsten. Anders jedoch
als etwa das Malen wird das Amateurschreiben meist nicht an
die große Glocke gehängt. Fühlt man sich doch fast im Zwang,
eine Veröffentlichung anzustreben, während jemand, der in
seiner Freizeit gerne Pfingstrosen malt, sicherlich nicht sofort
eine Ausstellung im Sinn hat. Einen eigenen Text zu verfassen
und eine Phantasie in Worte zu kleiden ist allerdings eine
wunderbare Beschäftigung und sollte von Rechtfertigungs-
zwängen befreit werden. Es trainiert und befreit den Kopf glei-
chermaßen und braucht wenig mehr als Tastatur oder Stift
und Papier. Und wenn man dann doch über eine Veröffentlichung nachdenkt, ist auch das heute einfacher geworden –
niemand muss mehr Dutzende Verlage anschreiben und um
Aufmerksamkeit für sein Manuskript betteln. Das Netz bietet
diverse Plattformen für Schreiber und immer umfassendere
Möglichkeiten zur Selbstveröffentlichung. Wer sich ein bisschen in die Materie einarbeitet, wird bald den richtigen Platz
für sein Werk gefunden haben. Dann zu beobachten, wie die
Reaktionen von Lesern ausfallen, ist eine spannende Angelegenheit – kann aber auch ernüchternd oder gar schmerzhaft

sein. Deswegen nicht vergessen: Schreiben ist in erster Linie eine Übung und ein Vergnügen für einen selbst!

Wem gar nicht belletristisch zu Mute ist, soll dieses Wochenende trotzdem dem Schreiben widmen. Ganz banal gesagt: Üben Sie Ihre Handschrift. Klingt komisch, aber in Zeiten von Touchpad und allgegenwärtigen Tastaturen haben viele Menschen zuletzt in der Schule eine ganze Seite handschriftlich geschrieben. Dieses fehlende Training merkt man der Schrift an, frischen Sie also ruhig ab und an Ihre Bögen und Schwünge auf. Besonders geeignet ist hierfür ein Tagebuch — es verbindet die schöne Form mit reger Gedankentätigkeit. Ob man nun zu jedem Tag nur einen Satz oder eine ganze Seite schreibt, das Schöne ist, dass man sich eine Merkhilfe für das eigene Leben schafft, die man in ein paar Jahren mit Freude wieder durchblättert. Zudem ist ein Tagebuch eine sehr gute Möglichkeit der Ent-Sorgung: Was man auf Papier schreibt, schreibt man sich von der Seele. Zuletzt eine kleine Anregung: Schreiben Sie doch Ihrer besten Freundin mal wieder einen Brief, einen richtigen, auf Papier. Und denken Sie daran, wie erstaunt sie sein wird, zwischen all den gedruckten Anschriften im Briefkasten eine altvertraute Schrift zu sehen.

Die Übung
Briefe schreiben am Sonntag

Lassen Sie das Briefeschreiben zum Wochenende eine Tradition werden, wie sie schon Kafka pflegte. Es muss nicht gleich Siegelwachs sein, schon ausgesuchte Briefmarken, ein lange nicht gesehenes Tintenblau und feines Papier machen Ihre Zeilen zu etwas Besonderem. Die französische Schriftstellerin Colette etwa schrieb nur auf hellblauem Papier, das es noch heute in Paris am selben Ort zu erwerben gibt (Les Papeteries Gaubert, 41 Quai de L'Horloge, 75001 Paris). Und wie schon zu Colettes Zeiten wird es im Kilo verkauft. Genau der richtige Jahresvorrat an Sonntagsbriefpapier.

Die Anleitung
Einen Faltbrief falten

Dieser Brief ist sich selbst genug, er braucht keinen Umschlag, sondern verschließt sich selbst!

Alles, was Sie brauchen, ist ein Bogen Papier (30 × 30 cm):

So steht's geschrieben

»Richtig, Briefkuverts hatte er auch keine. Diese Erfindung konnte erst viel später gemacht werden, als die Chemie des Gummiarabicums vollkommen ausgebaut war. Dafür petschierte er. Jawohl, Biedermaier siegelte. Er trug einen gravierten Siegelring, sogar am Zeigefinger. Und ein goldenes Petschaft trug er, das baumelte aus der Westentasche nieder und war sehr hübsch. Man sammelt heute diese Siegelringe und Petschaften und steckt sie im Museum hinter Glas.«

Ludwig Hevesi, *Flagranti und andere Heiterkeiten,* 1910

Winter

Schnee!

So, meine Herrschaften! Jetzt machen wir einen großen
Schneemann!

Erich Kästner

Vom Himmel hoch …

Es ist ein Moment, der nie seinen Zauber verliert und in dem
man immer gleich alt ist. Irgendwann im November zieht
man morgens den Vorhang auf, denkt an nichts und die Welt
sieht vollkommen verändert aus: Es hat geschneit! Ein präch-
tiges, lautloses Wunder hat sich ereignet, ein Witz der Natur,
der immer gut ist. Man muss von diesem ersten Schnee jedem
erzählen, der in der Nähe ist, er wird getwittert, auf Face-
book gepostet und ins Tagebuch notiert. Es hat geschneit,
lautlos über Nacht, in die schmutzigsten Hinterhöfe genauso
wie auf die modernen Flughäfen. Gestern war die Welt noch
bunt und seidenmatt, heute ist sie weiß und glänzend. Alles
sieht anders aus, der Schnee macht die Nacht heller und die
Welt leiser. Als Kind war das Vorgehen nach diesem freudigen
Schreck einfach: So schnell wie möglich raus, Schneeflocken
mit der Zunge fangen, stapfen, kugeln, schneeengeln, so lange,
bis dicke, festgefrorene Schneeklümpchen an Ärmeln und
Hosenbeinen baumeln. Als Erwachsener überlegt man sich,
ob man das ganze Spektakel nicht mit einer Tasse Tee vom
Fenster aus betrachten soll. Denn vielleicht das Schönste am
Schnee ist sein Anblick. Man sollte dankbar sein, wenn dabei
ausgerechnet Sonntag ist. Früh genug wird das Ungemach

zurückkommen, das der Schnee unweigerlich für alle ohne Winterferien bedeutet: Rollsplitt zerkratzt das Parkett, Gehwege und Straßen sind vereist, der Garten ist nicht winterfein, auf dem Balkon blüht die letzte Geranie tapfer gegen den Wurf in die Tonne an, die Winterreifen liegen noch in der Garage und Bus und Bahn sind über den ersten Schnee so entrückt wie man selbst und ganz sicher verspätet. Man wollte ja auch längst einen neuen Wintermantel kaufen und wo sind überhaupt die Handschuhe und Mützen?

Um diesen ganzen Gemeinheiten sachte aus dem Weg zu gehen, muss man sich eigentlich nur auf die schönen Dinge konzentrieren, die ein Schnee-Wochenende mit sich bringen kann: bei einem kleinen Winterspaziergang durch den Schnee stapfen, sich am ersten Punsch des Winters Hände und Seele wärmen, unter der Wolldecke am Fenster lesen und am frühen Abend beglückt unter der frisch mit weichem Flanell bezogenen, dicksten Daunendecke einschlummern. Man darf dieses Programm ruhig zelebrieren, schließlich ist die Feierlichkeit dieser ersten Schneestunden bald vorbei. Man wird den restlichen Winter nicht mehr mit solcher Sorgfalt auf jede Flocke und jeden Schneekristall am Fenster achten, und aus dem »Guck mal, es schneit« wird alsbald ein »Nicht schon wieder« werden. Spätestens wenn der Himmel uns an Ostern noch mal richtig weiß eindeckt, werden wir den Schnee mit gleicher Innigkeit verfluchen, wie wir ihn am ersten Tag begrüßt haben. Man gebe sich also dem immergleichen Zauber des ersten Schnees hin und sei versichert: Ein Schneeengel ist eine Übung in Lebensfreude, die auch für Ungeübte problemlos zu absolvieren ist.

Das Rezept
Schokolade im Schnee

Dass man Schnee nicht essen soll, weiß jedes Kind. Schokolade im Schnee, besser bekannt als Eiskonfekt, dagegen schon.
Und es zergeht wie Schneeflocken auf der Zunge. Schmelz-
wärme und Verdunstungskälte heißen dabei die Zauberwörter,
im Zusammenspiel erzeugt vor allem durch die Zutat Kokosfett, das schon ab 26 Grad schmilzt und für jenes typische Eis-
konfekt-Vergnügen sorgt, das wir aus unserer Kindheit kennen.
Kein Wunder: Es wurde schon 1927 von Adolf Eichelmann in
Werneck bei Schweinfurt erfunden.

Die Zutaten:

230 g Kakao

1 Pfund Kokosfett

1 Pfund Puderzucker

3 Esslöffel Mehl

eventuell ein paar fein gehackte Nüsse oder
Kokosflocken

Und so geht's:
Das Kokosfett in einer Metallschüssel über einem Wasserbad
schmelzen lassen, die restlichen Zutaten unterrühren. Die Masse
in kleine bunte Staniolkapseln oder kleine Metallförmchen
geben. Förmchen nebeneinander in den Schnee stellen und
dort fest werden lassen. Zur Not geht aber auch ein Eisfach!

Die Anleitung
Schneeleuchte aus Schneebällen (aus Schweden)

Man braucht:
Pappschnee, Handschuhe, Kerze, Streichhölzer

Und so geht's:
Aus Schneebällen einen Kreis legen. Darauf versetzt eine Schneeball-Schicht nach der anderen auftürmen und die Kreise kleiner werden lassen. Innenraum freihalten. Am Ende hat man eine Pyramide aus Schneebällen. Nicht vergessen: Eine Kerze hineinstellen und anzünden, bevor man den letzten Schneeball auflegt. Fertig. Romantik!

Kranksein!

Er ist krank. Er kann nicht reiten. Karl May

Von Schmerz und Segen

Kranksein als Wochenendbeschäftigung? Unbedingt! Es klingt nicht ganz gescheit, aber dem Hamsterrad, das sich am Wochenende mit leicht veränderten Prioritäten genauso dreht wie unter der Woche, entkommen wir am leichtesten mit ein bisschen Kranksein. Natürlich soll es nur eine kleine Krankheit sein, eine, die am Sonntagnachmittag wieder ausklingt, irgendwas zwischen verstopfter Nase und Magenverstimmung. Etwas, was uns im besten Fall das ruhigste und friedlichste Wochenende seit Langem verschafft. Wenn wir am Freitag dieses verdächtige Halskratzen spüren und am Samstagmorgen feststellen, dass sich Kopf, Zunge und Augenlider dicker anfühlen als sonst, dann gibt uns das die Freiheit, alles abzusagen und auf wundersame Art und Weise ein freies Wochenende zu bekommen. Kein Einkauf, keine Fahrt zum Wertstoffhof und kein Höflichkeitsbesuch bei den Schwiegereltern, und das alles ohne schlechtes Gewissen. Ganz ehrlich, auf die Bergtour morgen mit den ehrgeizigen Kollegen hatten wir doch auch keine rechte Lust. Der Satz »Ich bin krank« schafft Raum und Ruhe für zwei Tage Erholung.

Dass unser Körper diese Erholung gern am Wochenende oder im Urlaub einfordert, hat gute Gründe. Als Managerkrankheit bezeichnet man gemeinhin den Umstand, dass Vielbeschäftigte oft gleich am zweiten Urlaubstag krank werden,

obwohl sie vorher monatelang dem höchsten Druck stand-
hielten. Es scheint fast so, als würde der Körper nur auf eine
Lücke im Terminkalender warten, um endlich und radikal
Aufmerksamkeit einzufordern. Als würde er sagen: Freund-
chen, du gehst nicht gleich wieder Tauchen und Jetski fahren,
du wirst mich jetzt gefälligst in Ruhe lassen und pausieren!

Erinnern Sie sich an die Wonne, mit der man als Kind krank
war? Nicht nur war man von der Aufmerksamkeit der Eltern
liebevoll umgeben, man durfte auch den ganzen Tag in weicher
Kleidung bleiben, ungekannte Fernsehsendungen sehen, und
es wurde nichts von einem erwartet, als still zu liegen und aus-
zuruhen. Als Kind hat das nach einer Weile genervt, aber heute
ist ein gepflegter Krankentag Luxus. Man hat das große Bett für
sich allein, alle halten etwas mehr Abstand als sonst und man
kann wirklich alleine mit sich sein. Das ist eine Erfahrung, die
hin und wieder wichtig ist. Und dafür kann man auch eine
verstopfte Nase oder Kopfschmerzen in Kauf nehmen …

Die Liste
Zehn Dinge, die jetzt ans Bett gehören

1. Passende Lektüre. Ratsam ist das Buch *Ich habe meine Sache
   hier getan. Leben und letzte Worte berühmter Frauen und Männer*
   (Bloomsbury, 2007), vor allem, um den Liebsten und zufälligen Besuchern den Ernst der Lage zu verdeutlichen.
   Dazu wenigstens eine Seite aus *Auf der Suche nach der verlore-
   nen Zeit* von Marcel Proust lesen, der sich bekanntlich nie
   aus seinem Bett bewegte und somit genau wusste, wie
   es Ihnen gerade geht: »An diesem strahlenden Sonnentag
   von morgens bis abends mit geschlossenen Augen liegen-
   zubleiben war eine ebenso erlaubte, gebräuchliche,

heilsame, angenehme, der Jahreszeit entsprechende Sache, wie die Fensterläden gegen die Hitze geschlossen zu halten.«

2. Eine Hupe, Tröte, Klingel, mit der man auf sich aufmerksam machen kann. Samstagmittag ruhig noch im Zehn-Minuten-Takt tröten, am Sonntagnachmittag dürfte die Barmherzigkeit der gesunden Mitmenschen allerdings stark reduziert sein. Dann allerhöchstens noch alle zwei Stunden höflich und leise tröten.

3. Essbares von süß bis sauer, von Zwieback bis Fertigpizza. Beim Kranksein gilt ausnahmsweise der herrlich unvernünftige Grundsatz: »Hauptsache, du isst überhaupt etwas.«

4. Ein Halstuch, das nicht kratzt, ersatzweise ein Kaschmirschal. Falls nicht vorhanden: schenken lassen.

5. Sämtliche Fernbedienungen, die der Haushalt bereithält.

6. Ein Fieberthermometer. Nicht, weil es notwendig wäre, sondern um die Kulisse perfekt zu machen. Es reicht die gelegentliche Behauptung, man hätte »leicht erhöhte Temperatur«.

7. Jeden Abend neue Bettwäsche. Das verleiht dem Kranksein ein leichtes Hotelfeeling.

8. Ein Hausmantel, den man tragen kann, wenn das Bett neu bezogen wird. Falls Sie das dummerweise selbst machen müssen, überlegen Sie, ob es wirklich notwendig ist. Falls ja, geben Sie dabei ruhig Schmerzenslaute von sich. Macht man viel zu selten.

9. Serien. Die eignen sich besser als Unterhaltung am Krankenbett als Spielfilme, weil sie in kleineren Happen konsumierbar sind, man problemlos zwischendurch einschlafen kann und sie endlos verfügbar sind. Lassen Sie sich von Ihren Freunden per Radkurier die Lieblings-

DVD-Box ans Bett schicken (Hausmantel an, wenn es klingelt!).

10. Kleiner Spatel aus Elfenbein, um die Zunge gelegentlich abzukratzen. Ersatzweise Kaugummi.

Das Rezept
Eine Hühnersuppe

Die Zutaten:

1 großes Suppenhuhn	ein paar Thymianzweige
1 Stück Sellerie	1 Lorbeerblatt
½ Stange Lauch	eine Handvoll Salz
2 Karotten	Pfeffer, Piment, Muskat,
1 Knoblauchzehe	Ingwer, Cayennepfeffer
1 Zwiebel mit Schale und	Zitronensaft
gespickt mit 3 Nelken	gestifteltes Gemüse

Die gute, alte Hühnersuppe enthält Eisen, Zink, Vitamine und wirkt obendrein entzündungshemmend, das haben amerikanische Wissenschaftler herausgefunden, denen wir in diesem Fall unbedingt glauben wollen.

Und so geht's:

★ Das Suppenhuhn waschen, mit Wasser bedeckt bei kleinster Hitze ohne Deckel zum Kochen bringen. Das kann bis zu einer Stunde dauern, dabei immer wieder das oben aufschwimmende Eiweiß abschöpfen.

★ Gemüse, Thymianzweige, Lorbeerblatt und Salz dazugeben. Nun vier bis fünf Stunden simmern.

- Durch ein Sieb abgießen. Würzen und mit etwas Zitronensaft abschmecken. Nach Lust und Laune gestifteltes
  Gemüse hinzugeben.
- Das Huhn abkühlen lassen, das Fleisch ablösen und
  in die Suppe geben.

P.S.: Sogar Tütenhühnersuppe hat eine leicht heilsame Wir-
kung – sie ist schleimlösend (warm!) und taugt immerhin als
Placebo, bis das echte Huhn ausgekocht ist.

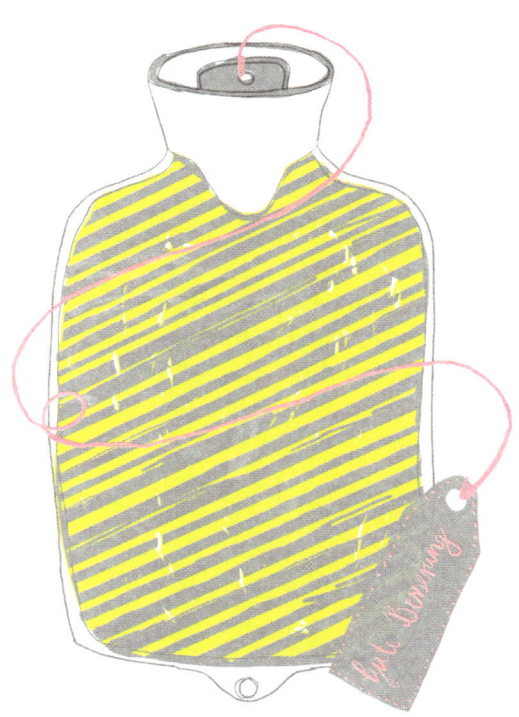

Schenken!

Geschenke zu machen, darf sich ein junger Herr Damen gegenüber nur in Ausnahmefällen erlauben. Ausgenommen sind Blumen (modern sind Bouquets aus Stielblumen, ohne Draht gebunden) und, ist man befreundet, Bonbonnieren in schöner Form.

J. von Wedell, *Wie soll ich mich benehmen?*, 1897

Von Herzen

Seien wir ehrlich: Die Schenkerei kostet uns oft die letzten Nerven. Ständig muss man eine so genannte Kleinigkeit für jemanden besorgen, dauernd ist für Geburtstage, goldene Hochzeiten und Firmungen etwas mitzubringen, und in den meisten Fällen hat man nur eine ungefähre Vorstellung, worüber sich der zu Beschenkende eigentlich freuen könnte. Ein mühsam abgerungenes Geschenk erfüllt aber nur das Gegenteil seiner Bestimmung. Es macht schlechte Laune, nicht selten auf beiden Seiten, weil der Beschenkte damit nichts anzufangen weiß und sich insgeheim fragt, wie gut seine Freunde ihn überhaupt kennen. Eine gängige Notlösung ist, vorherige Erkundigungen einzuholen. Aber wer traut sich, ehrlich zu antworten? Wem fällt im richtigen Moment das Richtige ein? Wie groß ist die Überraschung, wenn das Georderte ein paar Tage später auf dem Gabentisch liegt?

Schenken soll kein reines Übereignen von Produkten sein, kein Selbstzweck. Eigentlich soll es die persönliche Wertschätzung und Zuneigung zu jemandem nur unterstreichen. Gute

Schenker fangen deswegen frühzeitig an, sich Gedanken über die nächsten Geschenke zu machen und das ganze Jahr über Dinge zu sammeln, die für diesen oder jenen Anlass passen. Wer diese Voraussicht nicht hat, möge seinen Geschenken zumindest etwas Innigkeit und eine persönliche Note verleihen. Statt des hundertsten Gutscheins verschenken Sie doch mal sich selbst für ein Wochenende! Beispielsweise in Form einer Einladung zu einem selbstgekochten Dinner. Oder indem Sie Ihre Dienste und Spezialfähigkeiten zur Verfügung stellen: ein persönliches Pilates-Training oder eine Stadtführung – damit überreichen Sie gemeinsame Zeit, ein Erlebnis und vielleicht sogar etwas, was mehr Nutzen hat als eine DVD oder ein Kalender. Schenken muss auch nicht immer einen Anlass haben. Die Freude der Menschen ist viel größer, wenn sie unverhofft eine Nettigkeit erfahren. Seien Sie großzügig, das ist eine der schönsten Tugenden. Ihr Apfelbaum hatte ein gutes Jahr? Stellen Sie eine Kiste mit Äpfeln an die Straße und verschenken Sie sie. Ihre Freundin möchte sich ein Buch von Ihnen leihen? Schenken Sie es ihr! Die Freude über so einen Moment der Freigebigkeit ist viel mehr wert als das Bewahren von Besitztümern. Außerdem wird Großzügigkeit oft doppelt belohnt!

Die Anleitung
Kandiszuckerstäbchen selbst gemacht

Tee ist ein Klassiker unter den Mitbringseln – auch für Menschen, die man nicht so gut kennt. Wie man Tee selbst macht, finden Sie im Kapitel »Berge!«. Und wie Sie Ihrem Mitbringsel dann noch ein überraschendes Extra verleihen, steht hier:

Man braucht:
1 Teil Wasser und 2 Teile Zucker

Und so geht's:

1. Bringen Sie das Wasser in einem kleinen Topf zum Kochen, lösen Sie rührend den Zucker darin auf und bringen Sie die Flüssigkeit erneut zum Kochen.
2. Lassen Sie die Flüssigkeit vollständig abkühlen.
3. Klammern Sie eine Wäscheklammer an das obere Drittel eines Schaschlikspießes aus Holz.
4. Um den Kristallisationsvorgang zu beschleunigen, tauchen Sie das Holzstäbchen in das Zuckerwasser und wälzen es anschließend in Kristallzucker.
5. Das Stäbchen in ein Sektglas stellen; die Klammer sollte auf dem Glasrand liegen und das Stäbchen fixieren, es darf nicht den Boden berühren.
6. Die Zuckermischung in das Glas füllen.
7. Nun ist Geduld nötig! Nach einigen Tagen bilden sich Kristalle, nach etwa drei Wochen haben sie eine ansehnliche Größe. Beobachten Sie die Kristalle beim Wachsen!
8. Ist die erwünschte Größe erreicht, stoßen Sie die auf der Oberfläche entstandene Kruste mit einem Messer auf, holen das Stäbchen heraus und hängen es zum Trocknen auf.
9. Luftdicht verpacken oder gleich verschenken!

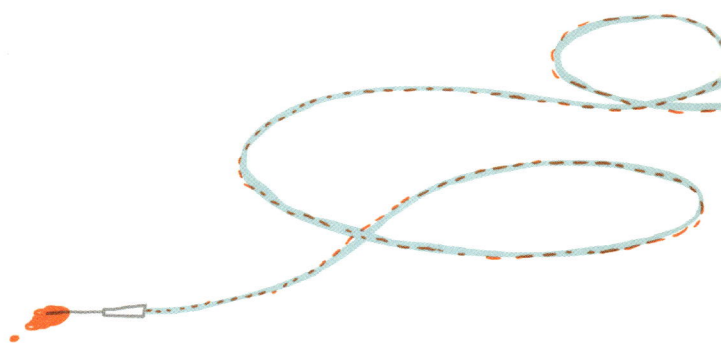

Die Übung
Leben schenken

Blutspenden darf man zwischen 18 und 69 Jahren. Nach nur
5-10 Minuten ist man um etwa 500 ml Blut erleichtert und hat
einen wertvollen Beitrag zu den 15 000 Blutspenden getan, die
jeden Tag benötigt werden. Vielleicht wollen Sie sich auch noch
Gedanken darüber machen, was Sie sonst noch spenden könnten: Informieren Sie sich über einen Organspendeausweis.
Und an alle Männer: Auch Samenspender schenken Leben!

So steht's geschrieben

»Blumen sind stets eine sehr beliebte, sinnige Gabe, man hat
sie besonders da zu wählen, wo man kein eigentliches Geschenk
machen, nur eine zarte Aufmerksamkeit erweisen will. Dem-
jenigen aber kostbare Blumen oder teuere Luxusgegenstände
zu reichen, dem ein nützliches Geschenk durchaus nötig ist,
wäre jedoch nicht richtig.«

Clara Ernst, *Der Jungfrau feines und taktvolles Benehmen
im häuslichen, gesellschaftlichen und öffentlichen Leben*, 1884

Küssen!

»Gib mal'n Kuß auf Lydia!« sagte die Dame.

Kurt Tucholsky, *Schloß Gripsholm*, 1931

Von Lippenbekenntnissen

Ein ganzes Wochenende nur küssen? Genau so ist es. Klingt einfach, aber das ist es natürlich nicht. Oder wann haben Sie das letzte Mal so richtig geknutscht? Richtig knutschen, das ist, wenn man nach zehn Minuten immer noch nicht genug hat, wenn man eigentlich einen Schnorchel bräuchte, um Luft zu bekommen, etwas, was einen gleichzeitig umwirft und abheben lässt und alles andere gleichgültig erscheinen lässt. Erinnern Sie sich an den besten Kuss aller Zeiten. Können Sie das Kribbeln noch spüren? Dieses tolle Küssen, das muss leider konstatiert werden, nimmt in guten Beziehungen ab. Je inniger die Liebe, je vertrauter die Beteiligten, desto weniger wird wild am Stück geknutscht, schätzungsweise eine Minute weniger Dauerknutschen pro Beziehungsjahr. Irgendwann hat sich das Küssen dann auf guten Morgen, gute Nacht und zum Geburtstag eingependelt. Oder aber es dient lediglich noch der Anbahnung anderer partnerschaftlicher Zeitvertreibe. Dabei ist ein toller Kuss ein eigenständiger Bestandteil der Liebe, ein uralter Adrenalinkick, den man nicht zu einer bloßen Routinehandlung gegenseitiger Zuneigung verkommen lassen sollte. Also, gehen Sie jetzt sofort los und küssen Sie die Person, der Sie versprochen sind oder zumindest aktuell zugetan. Und zwar richtig doll, so dass ihr vor Erstaunen der Mund offen steht, das ist beim Küssen nämlich von Vorteil. Wer auf dem großen Singlefuß lebt und gerade niemanden zur Hand hat, der wird nicht allzu traurig sein. Zwar hat das Singledasein gewiss auch Längen und Kehrseiten, aber wenn es dann wieder ans Küssen geht, ist das doch meistens so aufregend und ambitioniert, als wäre man vierzehn und würde in der dunklen Ecke neben dem Autoscooter stehen. Genau dieses Gefühl wiederzubeleben, darum soll es an diesem Wochenende gehen!

Das Rezept
Rosenbonbons

Leider ist nicht immer ein echter Kussmund verfügbar. Süße Küsse zum Mitnehmen für die Hosentasche und als Geschenk kann man sich aber gut selbst machen.

Die Zutaten:
500 g Zucker
2 EL Glukosesirup
3 EL Rosenwasser

1 EL Kirschsaft oder etwas rosa Lebensmittelfarbe

Und so geht's:

* Zucker und Glukosesirup unter ständigem Rühren in einem Topf auflösen. Das Rosenwasser und den Kirschsaft bzw. die Lebensmittelfarbe hinzufügen und einige Minuten kochen lassen. Vorsicht, die Masse wird sehr schnell heiß, deshalb rechtzeitig die Temperatur herunterdrehen.
* Sobald die Masse zähflüssig ist, auf ein mit Backpaier ausgelegtes Backblech gießen. Die Masse etwas fest

werden lassen, dann mit einem scharfen Messer in kleine mundgerechte Stücke schneiden.

★ Die ausgekühlten Bonbons in Papier oder Cellophan wickeln. In selbstgemachte Bonbontüten gefüllt – hervorragend eignen sich dafür alte Notenblätter, Landkarten, Buchseiten etc. – sind die Bonbons eine nette kleine Aufmerksamkeit und ein Andenken in kusslosen Zeiten.

Die Anleitung
Bonbontüte

So steht's geschrieben

»Auch Wendelin und Minna gingen – sie selig aufgekratzt, er von der ungewohnten Nähe und Vertraulichkeit eines hübschen Mädels verwirrt. Noch zu ermuntern wußte sie ihn durch eine Flasche Wein in einem Lokal für Liebende. Um Mitternacht wandelte das Pärchen Arm in Arm über die Promenade, und hier kam es zu einer Küsserei, der allerersten in Wendelins Leben.«

Bruno Wille, *Glasberg*, 1920

Schmoren!

Wir beschlossen, ihn im Backofen zu schmoren.

Margarethe von Eckenbrecher

Vom Warten aufs Essen

Passionierten Köchen muss man nicht erzählen, was sie an einem grauen Winterwochenende tun könnten. Sie werden den halben Samstag herumspazieren, um zu sehen, was es auf den Märkten und bei ihren bevorzugten Lebensmittelhändlern zu entdecken gibt. Sie werden, wie so oft, zu viel Geld für deliziöse Kleinigkeiten ausgeben und zweimal im Kopf den Küchenplan umschreiben, um dann mit Tüten voller Verheißungen am frühen Samstagnachmittag die Küche zu okkupieren und sie nicht eher zu verlassen, bis alle Töpfe in Gebrauch, alle Fenster beschlagen und sämtliche Reste des Kochweins aufgebraucht sind. Kochen ist eine wunderbare Beschäftigung, deren Ergebnis, das Essen, gar nicht das Wichtigste ist. Das Schönste ist das zeitlose Hantieren in der Küche, das simple Meditieren beim Gemüseschneiden, das Anschwitzen und Ablöschen, das Versuchen, Improvisieren, Schmecken und Riechen – und schließlich der Triumph, wenn der Tisch sich biegt und das Lob der Essenden von den Wänden hallt.

Eine etwas aus der Mode gekommene Zubereitungsart ist das Schmoren. Die fordert Geduld, allerdings muss man dabei nicht zwingend anwesend sein! Schmoren klingt ein wenig altmodisch, zumal der gute Sonntagsbraten heute von allerlei Kurzgebratenem und halbroh Gegessenem in die Ecke ge-

drängt wurde. Aber fahren Sie nur nach Frankreich aufs Land, da wird geschmort, dass die Topfhenkel glühen. Und Franzosen wissen in Essensdingen wirklich Bescheid!

Wenn es draußen kalt ist, gibt es nichts Besseres als einen Schmorbraten, der langsam im Ofen mürbe wird. Schmoren ist einfach und verlangt keine große Operette am Herd. So ein Stück Fleisch will nur ein bisschen Ackergemüse (etwas anderes gibt es im Winter ohnehin nicht), wie Zwiebeln, Karotten, Sellerie, Lorbeer und Lauch, um sich und dann mit einem großzügigen Schuss sehr guten Rotweins ab in die warme Ofenstube. Für den Koch beginnt jetzt die süße Qual: das Warten! Der Geruch! Die Vorfreude auf das, was rotgolden im gusseisernen Bräter liegt und nur gelegentlich übergossen wird, bis das Fleisch auf der Zunge zergeht und die Soße dickflüssiger Balsam ist. Zur Überbrückung der Wartezeit lohnen sich ein Schluck Wein und ein kurzer eiskalter Winterspaziergang um den Block. Dann erwartet einen bereits im Treppenhaus ein unvergleichlicher Duft – und welch Freude: Er kommt aus der eigenen Wohnung.

Das Rezept
Preiselbeermarmelade

Wilde Preiselbeeren findet man auch in Deutschland. Die immergrünen Zwergsträucher wachsen in Kiefernwäldern, bergigen Gebieten und Mooren. Ernte der knallroten Beeren ist von August bis September. Roh sind Preiselbeeren nicht genießbar, als Kompott aber passen sie mit ihrem herben Geschmack zu Schmor- und Wildgerichten. Die Beeren haben einen sehr hohen Pektingehalt, sie gelieren ganz ohne Einmachzucker. Wer aber ganz sicher gehen will, verwendet Gelierzucker.

Und so geht's:

★ Preiselbeeren putzen, die bitteren Stiele entfernen, waschen und mit Gelierzucker in einem Topf vermengen. Unter Umrühren aufkochen lassen, eventuell etwas Wasser hinzugeben.

★ Etwa 12 Minuten köcheln lassen, währenddessen den entstehenden rosa Schaum abschöpfen. In Gläser füllen und diese einige Minuten auf den Kopf stellen.

Falls Sie gefrorene Beeren verwenden, lassen Sie sie einen Tag mit dem Zucker vermischt bei Zimmertemperatur auftauen. Testen Sie zwischendurch, ob die Beeren nicht zu sauer sind und gegebenenfalls etwas mehr Zucker benötigen.

Rodeln!

Das ist ein unangenehmer Mensch. Immer redet er nur vom Reiten und Schießen und Schlittenfahren und Tanzen. Als ob es nichts Höheres auf der Welt gäbe.

Bruno Ertler

Vom weißen Rauschen

Diese Wochenendbeschäftigung braucht nur ein einziges Argument: Juchee! Nahezu jeder Mensch in unseren Breiten hat eine Rodelerinnerung aus der Kindheit, als die Winter noch mehr Schnee hatten, selbst wenn das die Statistiken nicht bestätigen. Gefühlt waren aber mehr Schneezentimeter da und auch mehr taugliche Rodelberge. Besucht man diese einstigen Orte des Schlittenvergnügens als Erwachsener, wundert man sich oft, wie sich auf derart kleinen Hängen so ein Nervenkitzel erleben ließ. Sicher war das der geheime Zauber der Rodelei, der da wirkte. Das Gute an Erinnerungen ist, dass man sie auffrischen kann, und Schlittenfahren gehört zu den Dingen, die immer Spaß machen, egal ob jung oder alt. Ein Mensch auf einem Schlitten ist ein vergnügter Mensch und das Hinabbrausen durch die Schneewehen eine solch erfrischende Abwechslung, dass man niemals ganz damit aufhören sollte. Öfter als ein-, zweimal schafft man es zum Rodeln in einem Winter ohnehin fast nie, direkte Alpenanlieger mal ausgenommen. Schließlich braucht es ein bisschen Sonne, nicht zu wenig Schnee und die Überwindung, den Schlitten vom Dachboden zu holen, sich in warme Schichten zu packen und auf den Weg zu machen. Und dann steht vor der Abfahrt immer noch der Aufstieg. Am besten kombiniert man beide Teile zu einem Gesamterlebnis: einen schönen Spaziergang oder eine gemütliche Wanderung die eine Seite hinauf, die andere Seite mit Verve wieder hinab. Ausreden werden nicht akzeptiert – eine kleine Steigung findet man überall, und wer keinen Schlitten hat, muss eben mit einer Tüte, einem alten Traktorreifen oder auch einem ausrangierten Schlauchboot improvisieren. Hinterher hat man ein geprelltes Steißbein, Eiskristalle um die Nase und dicke Troddeln aus Eisklumpen an den Wollhandschuhen – und kann sich gewiss sein: Alles ist wie früher!

Die Aufgabe
Denken Sie sich einen eigenen Rodelschlachtruf aus

Nehmen Sie die verschiedensten Abwandlungen des Spruches *Aus der Bahn – Kartoffelschmarrn – Hinten hängt der Deifi dran* (im Süden) bzw. *Bahn frei – Kartoffelbrei* (im Norden) als Inspiration und denken Sie sich einen eigenen Schlachtruf aus, der sich auch noch gut durch einen Schneesturm jodeln lässt.

Die Anleitung
Einen Mützen-Bommel basteln

Ein Bommel sollte an keiner Mütze fehlen. Ob klein oder groß, jede Mütze braucht einen zünftigen Abschluss, der beim Rodeln schön flattert. Wer nur bommellose Mützen hat, kann sich schnell und einfach einen selber machen – oder sämtlichen Familienmitgliedern einen Einheitsbommel verpassen. Praktisch ist er auch zum gegenseitigen Sichwiederfinden auf großen Weihnachtsmärkten.

Man braucht:
1 Stück Pappe, Wollknäuel, eine dicke Nadel

Und so geht's:

1. Falten Sie ein Stück Pappe und zeichnen Sie einen Kreis darauf, der die erwünschte Größe des künftigen Bommels hat. Schneiden Sie den Kreis aus, so dass Sie nun zwei Pappkreise vor sich haben.

2. In die Mitte beider Kreise zeichnen Sie einen kleineren Kreis auf, etwa 1-2 cm im Durchmesser, und schneiden auch diesen aus, so dass Sie zwei Ringe erhalten. Diese legen Sie aufeinander.

3. Fädeln Sie Wolle in eine dicke Nadel und wickeln Sie die Wolle um die Ringe, so lange, bis die Nadel in der Mitte nicht mehr durchpasst!

4. Falls Ihnen zwischendurch der Wollfaden ausgeht, einfach das Fadenende hängen lassen und mit einem neuen Faden beginnen.

5. Schneiden Sie nun die Wollfäden zwischen den beiden Pappringen hindurch auf.

6. Wickeln Sie einen kürzeren Faden mehrmals zwischen den Pappscheiben um die innenliegenden Fäden und knoten Sie ihn gut fest.

7. Ziehen Sie zuletzt die Pappscheiben ab und zupfen und stutzen Sie den entstandenen Bommel nach Belieben zurecht. Er muss nur noch an die Mütze genäht werden.

So steht's geschrieben

»Ich dachte, sie würden alle etwas ruhebedürftig sein, aber nach dem Frühstück wurden sie wieder sehr lebendig und berieten, was nun mit diesem angebrochenen Tag zu beginnen sei. Orlonski ordnete schließlich an, wir sollten alle aufs Land fahren. Er nahm den Leutnant mit auf den Speicher, und sie förderten eine Anzahl Rodelschlitten und Schneeschuhe zutage. Ich schickte Chamotte in meine Wohnung und ließ ihn holen, was ich an Sportgarderobe besitze – einiges fand sich auch im Eckhaus vor. Orlonski musterte erst die vorhandenen Kleidungsstücke, dann jeden seiner Gäste mit Kennerblicken, und unter seinem Kommando wurde eine Art militärische Einkleidung vorgenommen. Wir fuhren aufs Land, alle in der heitersten Stimmung, selbst im Waggon fingen sie noch wieder an, einen Konter zu tanzen, aber der Schaffner verbot es.«

Franziska zu Reventlow, *Herrn Dames Aufzeichnungen*, 1913

Lesen!

Ich reise niemals ohne mein Tagebuch. Man sollte
immer etwas Aufregendes zu lesen bei sich haben.

Oscar Wilde

Vom Versinken

Über das Lesen wird viel geschrieben, das liegt wohl in der
Natur der Sache. Inniger als das Verhältnis zwischen Lesen
und Schreiben scheint aber das zwischen Lesen und Schlafen
zu sein, zumindest wenn man die Häufigkeit folgender Aus-
sage zugrunde legt: »Ich bin abends immer so müde, nach
einer Seite schlafe ich ein.« Das ist zwar nicht verkehrt, denn
Schlafen ist, wie an anderer Stelle geschrieben, etwas sehr
Schönes, aber man sollte ihm das Lesen nicht unterordnen. Es
gibt kaum eine erholsamere und schönere Tätigkeit als eine
kleine Abenteuerreise, eine U-Boot-Fahrt hinab in die Tiefen
eines Buches. Nicht einmal ein Feuerwerk kommt dagegen an.
Es gibt Phasen im Leben, da ist einem das völlig klar. Doch
leider ist meist das freiwillige Lesen einer der ersten Punkte
auf der Streichliste, sobald die Zeit knapper wird. Dabei ist es
so viel geruhsamer, die Augen über schöne Zeilen streichen
zu lassen, als dem Mauszeiger durchs Web hinterherzuhetzen
oder wild durch die Programme zu zappen, um Werbepausen
zu überbrücken. Ein Buch – nicht nur das so genannte gute,
auch das mittelgute – kann nahezu magische Fähigkeiten ent-
falten: Es zieht uns in seinen Bann, hält uns zwischen seinen
Einbanddeckeln gefangen und seine Geschichte folgt uns auf

Schritt und Tritt. Immer wenn wir Ruhe und Abstand brauchen, ist ein Buch die perfekte Lösung – genau deswegen gehört es zwingend zu einem Anti-Stress-Wochenende dazu. Darüber hinaus bietet das Thema Lesen noch viel mehr: Man kann sich die gesammelten Zeitungsausschnitte der Woche vornehmen oder ausgiebig in der Bibliothek schmökern, endlich mal wieder den Buchhändler um die Ecke besuchen oder sich in die Badewanne legen und ein Hörbuch laufen lassen – das gilt auch! Vielleicht ist auch Vorlesen etwas für Sie? Nicht nur Kinder freuen sich darüber, auch Partner oder Mitbewohner haben sicher nichts gegen eine verbale Massage einzuwenden. Gleichzeitig trainiert man dabei die Stimme und bekommt ein ganz besonderes Gefühl für die Sprache eines Buches. Das oberste Gebot ist: Lesen am Wochenende muss Erholung sein! Und ebenso wichtig: Suchen Sie sich selbst aus, was Sie lesen möchten – und greifen Sie dabei nicht nach dem erstbesten Stapel, der vor Ihnen im Kaufhaus aufragt. Es gibt so viele herrliche Bücher. Und mindestens eines, das perfekt zu Ihnen passt. Suchen Sie danach!

Die Aufgabe
Ein Lesetagebuch führen

Für diese Aufgabe benötigen Sie nichts weiter als ein kleines Notizbüchlein. Darin vermerken Sie: Autor, Titel, Datum des ersten und letzten Lesetages eines jeden Buches, das die Ehre hatte, von Ihnen gelesen zu werden. Angereichert mit Ihren Gedanken zur Lektüre, wird dieses Notizbuch zum Stichwortgeber werden, das nicht nur Gelesenes und Vergessenes verzeichnet, sondern zudem eine kleine Lesebiographie ist und Erinnerungen an Lebensabschnitte wachhält.

Die Übung
Einen Diary-Slam veranstalten

Poetry-Slams gibt es inzwischen überall. Da aber Poesie zu schreiben und vor einem unbekannten Publikum vorzutragen nicht jedermanns Lieblingssache ist, laden Sie Ihre Freunde doch einmal zu einem privaten Diary-Slam ein. Sie versprechen: einen schönen Abend. Sie verlangen: Jeder Gast bringt ein Tagebuch aus Jugendzeiten mit und liest eine Passage daraus vor. Je weiter die Einträge zurückliegen, umso leichter und lustiger wird das. Anschließend stoßen Sie dann erleichtert zusammen darauf an, dass Sie Schulzeit und Pubertät gut überstanden haben.

So steht's geschrieben

»Hier aber spreche ich von dem Vorlesen im Freundes- oder Familienkreise, wo unsere Leistungen darin meistens so sehr geschätzt werden, so hoch erwünscht sind. Und doch behaupten so manche und darunter sogar junge Leute »ich kann nicht vorlesen, ich werde heiser« oder »ich beginne zu gähnen«. Das ist nun nichts als Unlust und böser Wille. Bringt man sie dann durch Vorstellungen und Bitten dahin, es doch nur einmal zu versuchen, lesen sie stockend oder überhaspeln sich, bis daß man erklärt, lieber auf das Vergnügen verzichten zu wollen.«

Anna Kistner, *Schicklichkeitsregeln für das bürgerliche Leben*, 1886

Verstecken!

Gewohnheit bedeutet, einen bestimmten Platz für jede
Sache zu haben und sie niemals dort aufzubewahren.

Mark Twain

Vom temporären Verschwinden

Wann haben Sie zuletzt etwas versteckt? Oder noch schwieriger: Wann haben Sie *sich* zuletzt versteckt? So richtig, hinter
einem Baum? Bei den meisten dürfte es zu lange her sein, um
noch zu wissen, welch infernalische Freude, welch inneres Ge-
kicher ein gutes Versteckspiel mit sich bringt. Es war ein Spaß,
der aus gutem Grund zum Alltag jedes Kindes gehörte. Beim
Verstecken sucht man nach verborgenen Orten, denkt über
die beste Tarnung nach, möchte sich oder ein Objekt so lange
wie möglich unsichtbar machen. Dass diese kleinen, spannen-
den Aufgaben auch für Erwachsene nichts von ihrem Reiz verloren haben, sieht man am Phänomen des GeoCaching. Dieses
Hobby erfreut sich rasanten Zulaufs. Hochvernünftige Menschen rennen, ausgerüstet mit einen GPS-Gerät, durch Wald
und Flur, um einen Schatz zu finden, den andere versteckt
haben. Hat dies mehr mit Abenteuerlust und Zerstreuung zu
tun, ist es in anderen Zusammenhängen vor allem nützlich,
über ein gutes Versteck nachzudenken. Geschenke müssen vor
dem Partner oder den Kindern versteckt werden, das Gleiche
gilt meist für Süßigkeiten. Und für den Wohnungsschlüssel
könnte man auch einen besseren geheimen Ort finden als die
Unterseite der Fußmatte. Etwas zu verstecken kann zudem

etwas Geheimnis in den Alltag bringen! Verstecken Sie doch einfach etwas in Ihrer Straße – das ist nicht illegal, nur etwas exzentrisch. Legen Sie beispielsweise ein Buch zwischen die Sprossen eines Brückengeländers und schauen, wann es weg ist. Übrigens: Das Wochenende selbst ist in weiterem Sinne ja auch nichts anderes als ein »Versteck« – man versteckt sich vor jeglicher Arbeit, man verschmilzt mit dem Sofa, macht keinen Mucks und geht erst auf die Straße, wenn es dunkel ist.

Die Anleitung I
Tulpen in der Stadt verstecken

Kaufen Sie im Herbst einen Beutel Tulpen, am besten kleine, knallrote! Wählen Sie einen öden Platz, auf den Ihr Blick oft fällt: die Rasenfläche vor dem Bürofenster, eine Verkehrsinsel auf dem Weg zur Arbeit, der Hunde-Grünstreifen vor dem Haus. Tulpen nach Packungsanleitung einpflanzen, gerne auch im Schutz der Dämmerung, wenn Ihnen das lieber ist. Faustregel: Das Pflanzloch sollte dreimal so tief sein, wie die Zwiebel dick ist. Erfordert eine kleine Schaufel, zur Not geht auch ein Löffel. Erde drüber, und das war's auch schon. Im Frühjahr, gerade wenn Sie die Aktion vergessen haben, werden die Tulpen Ihnen auf dem Weg zur Arbeit eine Freude machen – und zehntausend anderen Menschen auch!

Die Anleitung II
Ein sicheres Versteck für den Zweitschlüssel finden

Schlüsseldienste sind teuer, der beste Freund nicht immer zu Hause. Es lohnt sich also, einen Zweitschlüssel in der Nähe des Hauses zu verstecken.

Und so geht's:

Verstecken Sie den Schlüssel nicht im nächsten Umkreis der Tür und vermeiden Sie das Offensichtliche! Eine Idee ist, den Schlüssel mit selbstklebendem Klettverschluss oder einem Magneten zu versehen und auf der Rückseite einer Regenrinne anzubringen. Oder verpacken Sie den Schlüssel in einer kleinen Plastikhülle, vergraben ihn in einem Blumenbeet oder verstecken ihn unter Steinen an der Hauswand. Die meisten Menschen schauen nicht nach oben, Sie können Ihren Schlüssel also auch gut verpackt an einen Baum hängen. Wenn Sie Angst vor Einbrechern haben, empfiehlt es sich, neben dem richtigen Versteck, mehrere »alte« Schlüssel an offensichtlichen Plätzen zu deponieren, wie unter der Fußmatte und unter dem Blumentopf. Nach dem fünften nicht passenden Schlüssel wird der Einbrecher aufgeben.

Wenn Sie weitere Anregungen brauchen, wie man Schlüssel in der Stadt versteckt und wo man am besten geheime Botschaften hinterlässt, dann sei Ihnen folgendes Buch empfohlen: *How to Hide Things in Public Places*. Oder stöbern Sie in dem Buchladen Ihres Vertrauens – Sie glauben ja nicht, wie viele Bücher es zu diesem Thema gibt.

Schlüssel wiederfinden:
Das können Sie nur allein!

So steht's geschrieben

»Meine ›erste Liebe‹ war Rosie Mischischek, gleichalterig mit mir, zwölf Jahre alt. Wir spielten täglich ›Verstecken‹ auf den Stufen des Theseustempels im Volksgarten. Sonntags trug sie ein grün-seidenes Kleid, geputzt mit schmalen schwarzen Samtbändern, nackte rundlich-eckige Schultern, offene Locken und war überhaupt vollkommen. Wenn sie sich einbildete, ein besonderes Versteck hinter Säulen gefunden zu haben, so übersah ich sie absichtlich, lief an ihr vorbei, auf die Gefahr hin, für einen Dummkopf gehalten zu werden! Ihr Glück war mir eben damals alles.«

Peter Altenberg, *Mein Lebensabend*, 1919

Feuer!

Nur wer nicht mit dem Feuer zu spielen versteht, verbrennt sich daran.

Oscar Wilde

Vom offenen Feuer

Egal ob Kerze, Holzofen oder Lagerfeuer: Flammen schlagen uns immer in den Bann, zumindest für einen kurzen Moment. Offenes Feuer hat etwas Wildes, Ungezügeltes – selbst in den domestizierten Versionen, die uns die Brandschutzordnung heute noch erlaubt: Der Kachelofen ist der natürliche Mittelpunkt des Hauses, auch wenn es über Zentral- und Fußbodenheizung verfügt; ein Kerzenleuchter ist ungleich romantischer als eine Sparlampe; und wann immer ein Holzofen oder besser noch ein alter Küchenherd angeschürt wird, breitet sich eine ganz besonders angenehme, wohlige Wärme aus.

Ein Wochenende dem Feuer zu widmen, das klingt etwas esoterisch. Wir wollen auch keinesfalls vorschlagen, mit brennenden Bällen zu jonglieren oder über heiße Kohlen zu laufen. Nein, es geht vielmehr um die Faszination, die das Feuer auf uns als Kind hatte, gerade in der Vorweihnachtszeit, als an allen Ecken wunderbares Licht brannte. Denn wenn die Tage am dunkelsten und bitterkalt sind, ist Feuer mit seinem Licht und seiner Wärme der beste Trost. Und so ist die Sehnsucht nach Christbaumkerzen aus echtem Bienenwachs auch nicht nostalgisch-verklärten Ursprungs, sondern sinnlicher Natur. Falls Sie nur aus Bequemlichkeit darauf verzichten, geben Sie den echten Kerzen eine Chance! Sie sind zwar nicht so pflegeleicht und etwas gefährlicher, aber gerade deswegen auch viel glanzvoller in ihrem Auftritt. Den Löscheimer mit Wasser daneben nicht vergessen und immer in der Nähe des Baums bleiben!

In der Winter- und Weihnachtszeit gibt es vielerlei Feuerabenteuer zu erleben: Eine Fackel in der Hofeinfahrt hat ein unschlagbares Preis-Wirkungs-Verhältnis; eine Nachtwanderung mit Kerzen über verschneite Wege wird zu einem eindrücklichen und besinnlichen Erlebnis; und ein Winterlagerfeuer mit Familien und Bekannten im Garten ersetzt einen ganzen Weihnachtsmarkt, noch dazu, weil man Bratwurst, Maroni oder Bratäpfel selbst zubereiten kann. Wem das alles zu wild ist, dem bleibt immer noch die einfache Kerze. Nichts erleuchtet einen Raum zärtlicher als ihr kleiner, brennender Docht. Ob ein Dinner nur mit Kerzenleuchtern oder ein Vollbad in Gesellschaft zweier Duftkerzen – die lodernde Flamme bringt immer eine besondere Stimmung mit sich. Angezündet wird natürlich mit einem Streichholz. Riechen Sie den Schwefel, hören Sie das Zischen? Feuer!

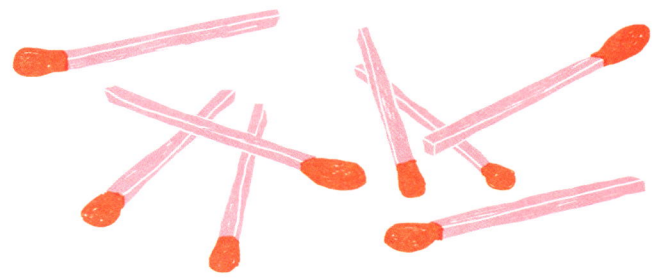

Die Anleitung
Eine Baumfackel bauen

Leuchtet, wärmt und verbreitet wilde Lagerfeuerromantik!

Und so geht's:

1. Sie brauchen einen etwa 60 cm langen, trockenen Baumstamm, dafür eignen sich vor allem Nadelhölzer wie Fichte, Kiefer und Tanne.
2. Am besten sägen Sie den Stamm mit einer Motorsäge von oben nach unten senkrecht durch, aber nur bis etwa 15 cm oberhalb des Bodens. Schöner brennt die Baumfackel, wenn Sie den Stamm nicht nur halbieren, sondern vierteln oder sogar achteln.
3. In die Mitte des Stammes einen Ofenanzünder stecken und anzünden. Das Feuer brennt langsam aus der Mitte des Stamms senkrecht und effektvoll ab.
4. Stellen Sie die Baumfackel auf einen nichtbrennbaren Untergrund und halten Sie einen ausreichend großen Sicherheitsabstand zu Haus, Büschen und Bäumen. Achten Sie auf Funkenflug und lassen Sie das Feuer nicht unbewacht abbrennen.

Die Übung
Eine kleine Feuerübung

Denken Sie für einen Augenblick auch an die dunkle Seite des Feuers: Was und wen würden Sie aus einem brennenden Haus retten? Wie funktioniert eigentlich der Feuerlöscher? Wo liegen Ihre wichtigsten Dokumente?

Das Rezept
Apfelglühwein

Ob Sie einer Baumfackel beim Abbrennen zusehen oder sich auf einem Eisbärenfell vor dem Kamin räkeln, ein Becher Apfelglühwein sollte für die innere Wärme nicht fehlen.

Die Zutaten:
1 ½ Liter Apfelsaft
4 EL Ahornsirup
2 Zimtstangen, 6 Nelken, 6 Pimentkörner, etwas Muskat
Schale von je 1 Orange und 1 Zitrone, in Streifen geschnitten

Und so geht's:
Apfelsaft und Ahornsirup zusammen mit den Gewürzen (in einem Gewürzsäckchen oder in einem Teebeutel) in einen Topf geben und 5-10 Minuten simmern (aber nicht kochen) lassen. Die Gewürze entfernen. Den Apfelglühwein mit einer Zimtstange in der Tasse servieren.

Weihnachten!

Am besten unters Federbett kriechen, sich bis zu den
Ohren zudecken und erst nach den Feiertagen hervor-
kommen.

Milena Jesenská

Vom Fest der Feste

Weihnachten ist wie kein anderes Fest im Jahr von Traditio-
nen und Ritualen bestimmt. Der Ablauf des Heiligen Abends
gleicht gar einem unantastbaren Familienerbe à la »Das haben
wir schon immer so gemacht«. Wir möchten uns an dieser
Stelle nun keinesfalls einmischen, höchstens einen Denkanstoß
geben. Schließlich könnte die pflichtgemäß getätigte Feststellung »Ich bin noch gar nicht in Weihnachtsstimmung!« ja
auch damit zusammenhängen, dass man keine Lust auf das immergleiche Programm hat. Wenn wir ehrlich sind, ist es doch
genau das, was den legendären Weihnachtsstress heraufbe-
schwört. Schlimm genug, am 23. Dezember immer noch zwei
bis vier Geschenke im Rückstand zu sein. Dazu gilt es, Weih-
nachtskartons vom Dachboden zu schleppen, die alle Jahre
wieder auftretenden Probleme mit dem Baum (zu schief,
zu kahl, zu nadelnd) zu lösen und zwischen Essen, Kirche,
Verwandtenbesuch, Bescherung und Plätzchen den vielen An-
lässen für familiäre Streitgespräche auszuweichen. Vielleicht
sollte man eine dieser Pflichten zur Abwechslung einfach aus-
klammern. Wie wäre es zum Beispiel, Weihnachtsgeschenke
abzuschaffen und sich stattdessen mitten im Jahr etwas zu

schenken, etwas, was angenehm überrascht, wirklich passt und vielleicht sogar benötigt wird? Spätestens, wenn Sie am 3. Advent krampfhaft über Gutscheine nachdenken, sollten Sie diese Variante in Betracht ziehen. Auch die übliche Bescherung im Wohnzimmer könnte ein wenig umgekrempelt werden: Ein großer Spaziergang durchs weihnachtlich ruhende Dorf, ein Ausflug zu den einsamen Tieren in den Zoo oder eine Straßenbahnfahrt, vorbei an hunderten konventionell bescherten Weihnachtsstuben, bringt Abwechslung in die Weihnachtsroutine. Und dann daheim eine Flasche Champagner öffnen und auf sich, auf das Leben oder auch auf Christi Geburt anstoßen. Probieren Sie es mal! Wenn es weniger erfüllend ist als das Standardprogramm, können Sie nächstes Jahr ja wieder alles so machen wie früher!

Die Übung
Begründen Sie einen eigenen Weihnachtsbrauch

Sie haben es satt, an Heiligabend immer nur Würstchen mit Kartoffelsalat zu essen? Kein Problem, es gibt noch hunderte anderer seltsamer Weihnachtsbräuche: Die Finnen machen aus der Christbaumspitze einen Soßenquirl, die Schweden schmeißen den Baum aus dem Fenster, die Briten erfreuen sich an Knallbonbons und setzen sich Papierkrönchen auf, die Italiener kaufen trockene Panettone-Kuchen in Henkelkartons, in Kolumbien werden schon mal die Silvesterraketen getestet, in Neuseeland blühen die Pohutukawa-Bäume als natürlicher Christbaumschmuck knallrot und die Menschen tragen bei der Bescherung angeblich Bikinis. Und dann gibt es da noch die Weihnachtsgurke! Die grüne Gewürzgurke aus dem Glas oder »Christmas Pickle«, wie sie in den USA heißt, wird im Baum versteckt. Wer sie als Erster zwischen den ebenso grünen Tannenzweigen entdeckt, bekommt wahlweise ein Extrageschenk, Extraglück im neuen Jahr oder darf als Erster mit dem Auspacken beginnen. Um den Schwierigkeitsgrad zu variieren, gibt es die Gurke sogar in verschiedenen Größen zu kaufen. Vermeintlich ein alter deutscher Brauch, werden die Gurken in Thüringen hauptsächlich für den US-Markt hergestellt – Zeit, sie auch mal bei uns aufzuhängen!

Die Anleitung
Künstlicher Reif

Weiße Weihnacht selbst gemacht. Gerade in Jahren ohne Schnee eine äußerst sinnstiftende Übung! Außerdem ein ziemlich ökologisch korrekter Einwegbaumschmuck. Erst einmal Tannen- oder andere Zapfen sammeln, damit am besten schon im Herbst beginnen, zum Beispiel auf dem Campingplatz an der Adria, wo es die schönen Pinienzapfen gibt! Dann so viel Salz in ein Glas voll Wasser geben, bis das Salz beginnt sich am Boden abzusetzen, fertig ist die übersättigte Salzlösung. Die Zapfen nun kurz hineintauchen, dann trocknen lassen. Voilà: Raureif!

So steht's geschrieben

»Dicht unter dem Baum standen Grete und Nellie; letztere hoch auf einer Trittleiter, eine große Tüte Salz in der Hand haltend. Die andere, mit einem Leimtiegel in der Hand, war ihre Gehilfin. Sie reichte Nellie den Pinsel zu und Nellie bestrich Zweige mit Leim schüttete dann Salz darauf. ›Jetzt bin ich eine große Sturmwind und mache der Baum voller Schnee.‹

›Wirklich, die Zweige werden weiß!‹ rief Ilse und verließ einen Augenblick ihre Arbeit, um sich das Schneetreiben genau anzusehen. ›Das ist aber klassisch! Das gefällt mir. Nein, das sieht so reizend aus!‹«

Emmy von Rhoden, Der Trotzkopf, 1885

Schlafen!

War ich noch nie ganz wach?

Peter Fischli / David Weiss, *Findet mich das Glück?*

Von der Liebe zum Schlaf

Schlaf, ach, Schlaf. Kaum ein Thema entlockt uns so viel wohlwollendes Seufzen. Könnte man nur öfter, länger, besser schlafen, so der Tenor unter Erwerbstätigen, Eltern und anderen Tageslichtmenschen, dann wäre alles angenehmer. Schlafen ist etwas Gutes, so viel ist sicher, und die Einzigen, die diese Meinung nicht teilen, sind Kinder. Ins Bett gehen müssen ist für sie Vergeudung wertvoller Erlebniszeit, eine langweilige Unterbrechung spannender Erkundungen der Welt. Ein bisschen recht haben sie damit schon, zumal es schwerfällt, angesichts der Tatsache nicht zu erschrecken, dass ein 80-Jähriger etwa 28 Jahre seines Lebens verschlafen hat. Aber der Körper muss eben ausgeruht werden. Idealerweise möchte er siebeneinhalb Stunden Schlaf pro Tag. Wer diese Forderung dauerhaft missachtet, wird möglicherweise gar nicht erst 80.

Was so viel Platz im Leben einnimmt, soll ein ganzes Wochenende volle und bewusste Aufmerksamkeit erfahren. Ausschlafen ist für die meisten Menschen der einzige festgesetzte Programmpunkt am Sonntag, man kann jedoch mehr für die Schlafbalance tun, als sie nur punktuell aufzufrischen. Ist das eigene Bett *wirklich* gemütlich? Oder hat man sich an die Mulde am unteren Rücken oder die gerupften Daunenkissen einfach gewöhnt? Man ändert ungern etwas und behält Matratzen und Bettdecken oft weit über ihr Verfalldatum hinaus. Unterziehen Sie Ihre Schlaflandschaft einer strengen Prüfung und frischen sie Sie bei Bedarf rigoros auf. So anstrengend der Kauf von voluminösen Bettdecken und der Besuch in Matratzenläden sein mögen, nach wenigen Nächten im neuen Bett freut man sich über die Investition. Diese sollte übrigens unter dem Gesichtspunkt stehen, dass Sie mindestens 80 Jahre alt werden wollen, und darf gerne etwas großzügiger ausfallen, zumal man an diesem Ort jeden Tag derart innige und wichtige Stunden verbringt. Auch die Infrastruktur rund ums Bett ist gutem Schlaf förderlich: Ob Seidenpyjama, Schlafbrille oder ein eleganter (und leise tickender) Wecker – das Letzte, was Sie vom Tag sehen, sollte Ihnen ein gutes Gefühl geben. Ist der Schlaf gefunden, ist das Wichtigste errungen. Niemals sonst lässt man sich so gerne fallen, nirgends sind wir so für uns und gleichzeitig jeglicher Selbstbestimmung entbunden wie im Schlaf. So lange freilich, bis wir von einem feindlichen Piepton und allzu bald wieder an ihm gehindert werden.

Die Liste

Bewährte Hausmittel gegen Schlaflosigkeit, wie sie schon der Ratgeber für Familie & Haus aus dem Jahre 1903 predigt:

★ Schütteln Sie Ärger, Pläne, angenehme und kummervolle Gedanken ab, sobald Ihr Kopf das Kissen berührt. (Aufgepasst: Diese Fertigkeit benötigt Ausdauer, man kann sie nicht an einem Tag erlangen!)

★ Stecken Sie Ihre Füße vor dem Zubettgehen einige Minuten in warmes Wasser.

★ Setzen Sie sich aufrecht und nehmen Sie sich vor, die ganze Nacht wach zu bleiben. Dies wird Sie nach wenigen Minuten schläfrig machen.

★ Setzen Sie sich in der Mitte des Zimmers in vollständiger Dunkelheit auf einen Stuhl. Eilen Sie, sobald Sie sich schläfrig fühlen, schnell zurück ins Bett.

★ Legen Sie sich eine mit heißem Wasser gefüllte Flasche an die Füße.

★ Schwingen Sie Ihre Arme.

★ Achten Sie darauf, dass das Bettzeug warm genug, aber nicht zu schwer ist.

★ Gehen Sie jeden Abend ungefähr zur gleichen Zeit zu Bett.

★ Bei Schlaflosigkeit durch einen hungrigen Magen hilft ein Glas warme Milch, ein Zwieback oder ein Stück Schokolade.

So steht's geschrieben

»Er kehrte in sein Hotelzimmer zurück, saß lange auf dem Sofa und wußte nicht, was anzufangen. Dann aß er zu Mittag und schlief den ganzen Nachmittag durch.

›So dumm ist das alles, so überflüssig diese ganze Unruhe!‹ sagte er sich, als er erwachte und die dunklen Fenster sah; der Abend war schon angebrochen. ›Jetzt habe ich ausgeschlafen. Was werde ich nun nachts tun?‹«

Anton Tschechow, *Die Dame mit dem Hündchen*, 1899

Vorsätze!

Niemals soll man vor einem Vortrag auf eine Cocktailparty gehen.

Walter Slezak

Vom besseren Leben – ab morgen

Mit den guten Vorsätzen ist es so: Sobald sie ausgesprochen sind, interessiert sich keiner mehr richtig dafür, sie sollen das Publikum einer Silvesterparty oder den Partner beeindrucken, aber eine ernste Verpflichtung geht man damit selten ein. Spricht man sie gar nicht erst laut aus, sind sie meist noch schneller vergessen. Ohnehin sind es überwiegend dieselben drögen Sachen: weniger rauchen, mehr Sport treiben, weniger dieses essen, dafür mehr jenes, weniger digitales, mehr analoges Leben, weniger arbeiten, mehr arbeiten etc. Das alles bedeutet aber nur, dass man, wie jeder Mensch auf dieser Welt, seine Gewohnheiten hat und nicht perfekt ist. Es bedeutet auch, dass all diese Laster und Neigungen nicht richtig schlimm sind, sonst hätte man sie doch schon abgelegt oder vom Arzt verboten bekommen. Fassen Sie stattdessen einen richtig verrückten Vorsatz, auf den Sie tatsächlich Lust haben, der wirklich ein Gewinn wäre und nicht nur wohlmeinender Verzicht: Wochenends nur Dinge mit dem Löffel essen! Ihr Lieblingslied auf einem Instrument einstudieren, das Sie schon lange bewundern! Ein schönes Buch auswendig lernen und dann bei jeder passenden und unpassenden Gelegenheit eindrucksvoll daraus zitieren! Portugiesisch lernen! Es ist eine ausgezeichnete Übung, sich an einem Sonntag nach dem Frühstück mit Stift und Papier ins warme Bett zurückzuziehen und die Dinge in Worte zu fassen, die einem seit Langem als vage Wünsche oder erstrebenswerte Veränderungen im Hinterkopf herumgehen. Schreiben Sie eine Liste und seien Sie dabei ganz ehrlich mit sich, es liest ja sonst niemand. Wie sind Sie jetzt und wie wollen Sie sein? Was fehlt, was nervt, was ärgert Sie an sich selbst und was ist so gut, dass es unbedingt ausgebaut werden sollte? Am Ende haben Sie drei Dinge: erstens die Gewissheit, dass es eigentlich gar nicht so übel um Sie steht. Zweitens etwas Ruhe im Hinterkopf, weil alles säuberlich aufgeschrieben und gut untergebracht ist. Und drittens stehen da mit Sicherheit Vorsätze, die Ihnen wirklich am Herzen liegen und mehr sind als nur aus Frauenmagazinen und von Silvesterpartys übernommene Eintagsfliegen.

Die Übung

Der Klassiker unter den guten Vorsätzen – laufen gehen

Ach, Sie joggen bereits um Ihr Leben? Umso besser. Dies ist eine Übung für alle anderen und für die, die bislang unberührte Laufschuhe im Schrank liegen haben.

Lassen Sie es langsam, aber regelmäßig angehen. Dreimal die Woche wäre mustergültig, ein Tag Laufen, ein Tag Pause. Das funktioniert besonders gut im Urlaub, da muss man bei den ersten Versuchen auch nicht mit rotem Kopf die Nachbarschaft grüßen, sondern kann sich aufs Wesentliche konzentrieren: das eigene Tempo und eine ruhige, gleichmäßige Atmung. Suchen Sie sich eine Strecke, auf der Sie sich wohlfühlen und, wenn Ihnen das wichtig ist, unbeobachtet.

Stellen Sie sich einen Trainingsplan zusammen; das Internet, Ratgeber oder Lauffreunde helfen dabei. Eine probate Methode wäre zum Beispiel: Fangen Sie mit 8 × 3 Minuten langsamen Laufens an, dazwischen 2 Minuten Verschnaufen und Gehen. Mit Musik im Ohr sind Sie Ihre eigene Trainingseinheit. Falls Sie nicht streng mit sich sein können: Ein *partner in crime* motiviert. Danach belohnen Sie sich mit einem High Five, einem (alkoholfreien) Bier und einer Badewanne! Das hilft gegen Muskelkater. Die wichtigste Botschaft an dieser Stelle ist: Geben Sie dem Laufen eine Chance. Wenn Sie nach dem fünften Mal nicht begeistert sind vom Konditionszuwachs, dann ist es eben so. Erreicht haben Sie trotzdem etwas, nämlich das ewige »Ich muss mehr Sport treiben« aus dem Kopf zu bekommen. Andere gute Vorsätze gibt es genug!

So steht's geschrieben

»Kein Bier, keine Süßigkeiten, turnen, früh aufstehen, Karls-
bader Salz, durch den Tiergarten gehn, Spanisch lernen, eine
ordentliche Bibliothek, Museum, Vorträge, Vaseline auf den
Waschtisch, keine Schulden mehr, Rasieren lernen. Radio
basteln – Energie! Hoppla! Das wird ein Leben!«

Kurt Tucholsky, Neujahrsvorsätze, 1926

Kleine Typologie der Wochenendtage

Vom Freitag

Das Beste an Samstag und Sonntag ist der Freitagabend. Dieser flapsige Spruch enthält eine gewisse Wahrheit – nie ist das Wochenende länger, nie liegt es unberührter vor uns als am Freitagabend, wenn man das Büro verlässt und auf dem Weg nach Hause schon die Möglichkeiten der nächsten beiden Tage jongliert. Der Freitagabend ist meist noch nicht der Zeitpunkt der großen Feste und Einladungen, viel eher lässt man die Woche bei einem guten Essen oder einem Besuch im Kino ausklingen. Man trägt gewissermaßen noch das Arbeitshemd, hat die Ärmel aber schon hochgekrempelt!

Vom Samstag

Der Samstag ist der quirligere der beiden End-Tage. Dem Vormittag wird dabei meist all das aufgebürdet, was unter der Woche liegengeblieben ist. Beim Wäschewaschen, Großeinkauf und bei der Fahrt zum Wertstoffhof geht die freie Zeit viel schneller um, als einem lieb ist. So beginnt dann am Nachmittag schnurstracks das Entspannungsprogramm: Die einen machen jetzt einen Spaziergang, die anderen suchen Fitnessstudio und Sauna auf, und alle arbeiten auf den Abend hin. Da wird ausgegangen, eingeladen, bekocht und begossen, die schönen Kleider aus dem Schrank geholt oder zumindest die Knabbermischung, um in gesammelter Runde den Fernsehabend zu zelebrieren. Aber egal ob Fernsehen, Party oder Dinner – der Samstag ist in jedem Fall der ereignisreichste Tag, einfach auch, weil er der längste ist. Schließlich kann man am Sonntag ausschlafen!

Vom Sonntag

Die Kirchen schützen den Sonntag bislang erfolgreich vor geöffneten Geschäften und allzu viel Trubel, das hat ihm seinen ganz eigenen Charakter erhalten. Selbst lebhafte Stadtviertel sind sonntags bis in den Mittag hinein in beschauliche Ruhe getaucht. Während Kinder Federball über die Straße spielen, tragen müde Großstädter höchstens frische Brötchen oder einen kleinen Kater spazieren. Das Sonntagsfrühstück ist für viele der Nabel des Wochenendes, und um es noch opulenter zu gestalten, wurde der Brunch erfunden. Danach ist zum ersten Mal seit sechs Tagen ein wenig Zeit, die nicht definiert ist. Jetzt döst die Welt, zumindest wenn sie sich nicht zu irgendwelchen Freizeitbeschäftigungen aufrafft. Erst der *Tatort* am Abend ist dann wieder ein Fixpunkt, der für viele das letzte feierliche Ritual eines Wochenendes darstellt. Danach ist nur noch Zeit für die Feststellung, dass dieses Wochenende wieder besonders schnell vergangen ist …

… So ganz vorbei ist das Wochenende allerdings erst am Montagmittag. Wenn man nämlich davon erzählt hat, wie es war, was man gemacht oder nicht gemacht hat, wenn die letzte Erinnerung an einen schönen Moment dem Alltagsmodus gewichen und das Wochenende mit einem letzten Seufzen verabschiedet ist. Seien Sie nicht allzu traurig über diesen Moment: Denn ab jetzt beginnt der Countdown auf das nächste *Weekend*!

So steht's geschrieben

»Bei den Deutschen bedeutet es am Sonntag genau dasselbe wie am Wochentag, nämlich: gieb *dem* Teil des Körpers Ruhe, der sie braucht und laß den übrigen Menschen thun, was er will. Der ermüdete Teil soll ausruhen – das muß durch alle Mittel gefördert werden. Wen also seine Pflichten die ganze Woche über ans Haus gefesselt haben, der ruht aus, wenn er am Sonntag spazieren geht; wer in der Woche nur ernste, inhaltschwere Dinge studiert hat, der erholt sich am Sonntag bei einer leichten Lektüre; wer sich in seinem Alltagsberuf meist mit Tod und Grab beschäftigen muß, der ruht am Sonntag, wenn er ins Theater geht und ein Paar Stunden lang über eine Komödie lacht; wer die Woche hindurch Bäume gefällt oder Gräben gezogen hat, der legt sich am Sonntag zu Hause ruhig hin.«

Mark Twain, Unterwegs und Daheim – Sonntagsheiligung in Deutschland, 1895

Julia Strauß, 1982 geboren, studierte Literatur- und Theaterwissenschaft an der Ludwig-Maximilians-Universität München und an der Universität Linköping in Schweden. Sie lebt und arbeitet als Autorin in München, vor allem beschäftigt sie sich mit den Themen Gärtnern, Reise und literarische Schatzsuche. Zusammen mit ihrem Mann erkundet sie am Wochenende das Leben jenseits der Arbeit – im Sommerhäuschen, auf ihrem Pacht-Feld oder irgendwo dazwischen.

Katharina Bitzl, 1980 geboren, hat Kommunikationsdesign an der Fachhochschule Augsburg und an der Kunstuniversität Linz studiert. Sie ist Art Direktorin bei jetzt.de und arbeitet als freie Illustratorin unter anderem für die *Süddeutsche Zeitung*. Katharina Bitzl lebt in Augsburg.

Erste Auflage 2014
insel taschenbuch 4217
Originalausgabe
© Insel Verlag Berlin 2014

Umschlagillustration: Katharina Bitzl
Gestaltung und Layout: Lisa Neuhalfen, Berlin
Druck: CPI – Ebner & Spiegel, Ulm
Printed in Germany
ISBN 978-3-458-35917-3